AVIONS et MAQUETTES

CURTISS P-40 WARHAWK

MONTAGE – TRANSFORMATION – PEINTURE – DECORATION

Emmanuel PERNES et Olivier SOULLEYS
Profils de Nicolas GOHIN

SOMMAIRE

UNE HISTOIRE DU CURTISS P-40 4

LES VERSIONS DU P-40 6

LE MATERIEL UTILISE 8

LE CURTISS P-40B
Maquette d'Emmanuel Pernes 10

LE CURTISS P-40E
Maquette d'Emmanuel Pernes 24

LE P-40 EN OPERATIONS
Profils de Nicholas Gohin 41

LE CURTISS P-40F
Maquette d'Olivier Soulleys 46

LE CURTISS P-40N
Maquette d'Olivier Soulleys 63

BIBLIOGRAPHIE ET REMERCIEMENTS 81

HISTOIRE & COLLECTIONS

CURTISS P-40

Le XP-40 dans sa configuration d'origine, reconnaissable à son radiateur déplacé vers l'arrière. L'avion est déjà très proche des premiers P-40 de série. *(DR)*

APRES UN PREMIER TOME consacré au Focke Wulf Fw 190, la collection « Avions et maquettes » continue aujourd'hui avec un avion souvent sous-estimé, le Curtiss P-40.

La raison en est simple, malgré ses limites le Warhawk est un appareil qui a connu tout le conflit et tous les fronts, arborant les insignes et « nose arts » les plus hauts en couleur de la Seconde Guerre mondiale.

Quoi de plus motivant pour un maquettiste que de produire un modèle au camouflage des plus spectaculaires !

Le présent ouvrage n'a pas de prétention historique et propose de découvrir un avion au travers d'une vision purement maquettiste. Chacun des quatre montages est articulé autour d'un thème technique central, ayant pour but de présenter, de manière dynamique et la plus didactique possible, certains tours de main utilisés par les « moustachus » du maquettisme.Ces articles n'ont pas vocation à présenter des vérités absolues et figées, mais plutôt de mettre à disposition un éventail de réponses possibles aux problèmes que l'on peut rencontrer lors d'un montage.

Cette collection s'enrichira bientôt de nouveaux ouvrages et abordera d'autres époques de l'aviation, de la Première Guerre mondiale à l'ère supersonique.

En vous souhaitant une bonne lecture.

Le Curtiss P-40, un avion de devoir

Encouragée par les performances démontrées par les appareils à moteur en ligne utilisés sur le front européen, la firme Curtiss décida de développer un avion de ce type en adaptant un moteur Allison V 1710-19 sur la cellule de son chasseur P-36 à moteur en étoile. Ainsi naquit le Curtiss H-81 ou P-40 pour l'armée de l'air américaine.

Cet avion sera handicapé par les choix initiaux des ingénieurs de Curtiss tout au long de sa carrière. En effet, la cellule, malgré sa robustesse, a atteint ses limites, tandis que le moteur Allison est peu performant aux altitudes de combat, et notamment au dessus de 4500 mètres. Ces défauts rédhibitoires ne lui permirent pas d'acquérir l'aura des purs chasseurs comme le North American P-51 Mustang ou le statut de légende des Spitfire et autre Messerschmitt Bf 109.

Le P-40 est plutôt associé à la période de défaites des forces alliées du début de la guerre. Écrasé à Pearl Harbor sans même pouvoir décoller, complètement dominé par les Bf 109F du JG 27 dans le désert nord-africain, décimé par les « Zéros » lors des raids aériens sur Darwin, le Warhawk eut toutefois le mérite d'être présent et de s'opposer envers et contre tout à la poussée triomphante des forces de l'Axe,

Un vol d'entraînement aux États-Unis regroupant un P-40K, un P-40F et un P-40L en arrière plan, *(USAF)*

permettant aux Alliés d'attendre des jours meilleurs.

Car le P-40 est le seul appareil à pouvoir s'enorgueillir d'avoir été utilisé sur tous les fronts de la Deuxième Guerre mondiale. Il fut en effet employé à la défense du territoire américain et du canal de Panama, dans le Pacifique à Pearl Harbor ou Midway, il connut le climat extrême des îles Aléoutiennes et du front russe et défendit l'Australie et la Nouvelle-Guinée des raids aériens japonais. C'est en Afrique du Nord que le P-40 reçut les premières « gueules de requin » qui sont si souvent associées à sa silhouette. C'est aussi sur P-40 que la célèbre escadrille « La Fayette » à tête de Sioux, symbole de l'amitié franco-américaine, fut reconstituée parmi la nouvelle Armée de l'Air et permit à la France de regagner son honneur perdu.

Mais c'est en Extrême-Orient que les « Tigres volants » du général Claire Lee Chennault connurent les seuls succès éclatants du Curtiss P-40. Ce groupe de volontaires (ou mercenaires) mit en effet en échec l'aviation japonaise et permit à plusieurs pilotes de devenir des as.

L'*American Volunteer Group*, nom officiel de l'unité, avec ses tactiques de combat bien adaptées aux performances de l'appareil, permit au P-40 de rentrer, a posteriori, dans le panthéon des avions de guerre.

Malgré ses limites, le Curtiss P-40 fut construit à plus de 16 000 exemplaires, toutes versions confondues. Et s'il fut plutôt peu performant en tant que chasseur, il fit en revanche preuve de bonnes dispositions pour l'attaque au sol, domaine où sa robustesse fit merveille.

Ayant traversé tout le conflit, il fait donc partie des appareils incontournables de la Deuxième Guerre mondiale.

LES VERSIONS DU P-40

P-40B & C

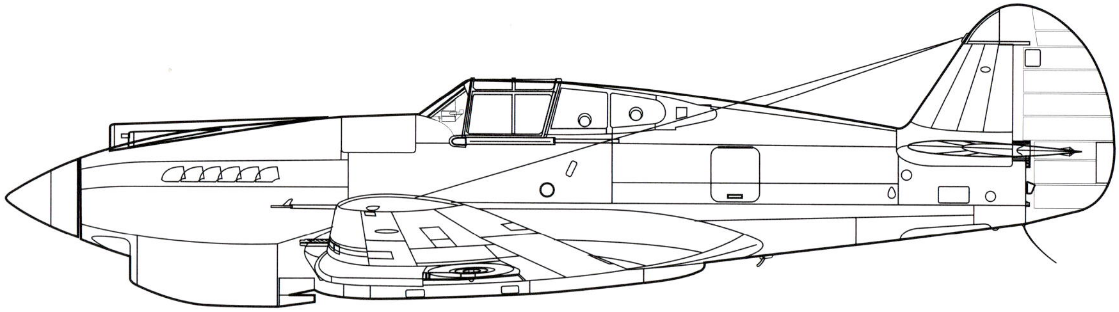

Identiques extérieurement. Le P-40C reçoit des réservoirs auto-obturants.
C'est l'Allison V 1710-33 qui équipe ces deux versions.

P-40E

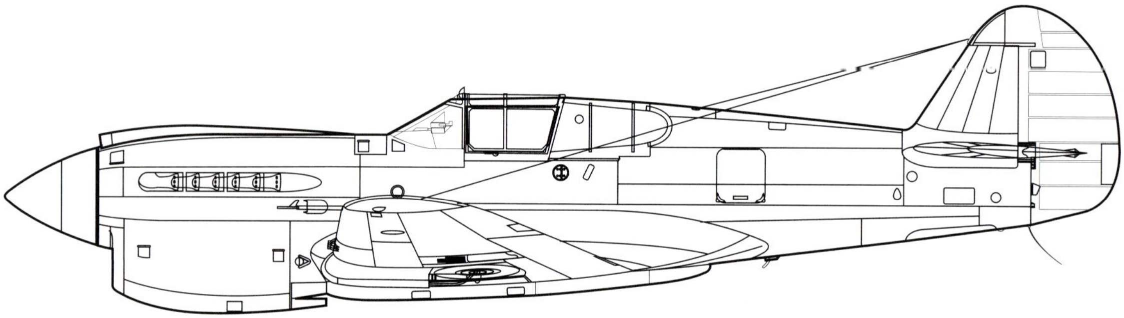

Le moteur est maintenant un Allison V 1710-33. Le nouveau moteur et le retrait des mitrailleuses de capot entraînent la refonte du nez de l'appareil. Le P-40D est identique, mais n'a que quatre mitrailleuses d'ailes.

P-40F

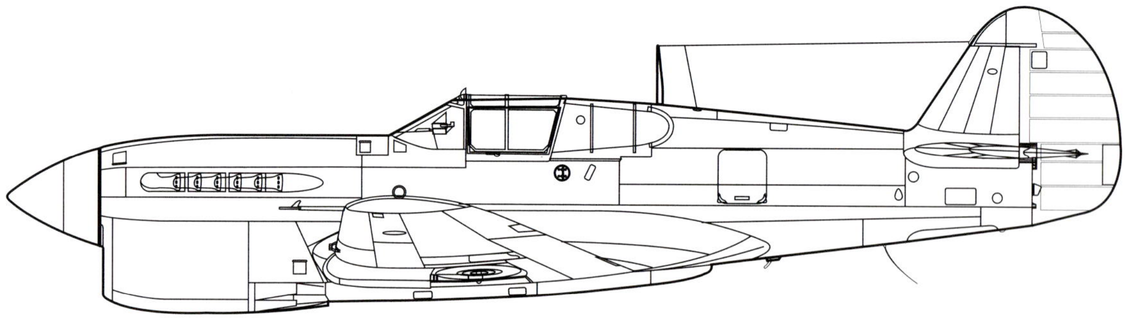

Un moteur Packard est adapté pour tenter de résoudre les problèmes liés au moteur Allison.
Deux types de cellules : « queue courte ou longue ».

P-40K

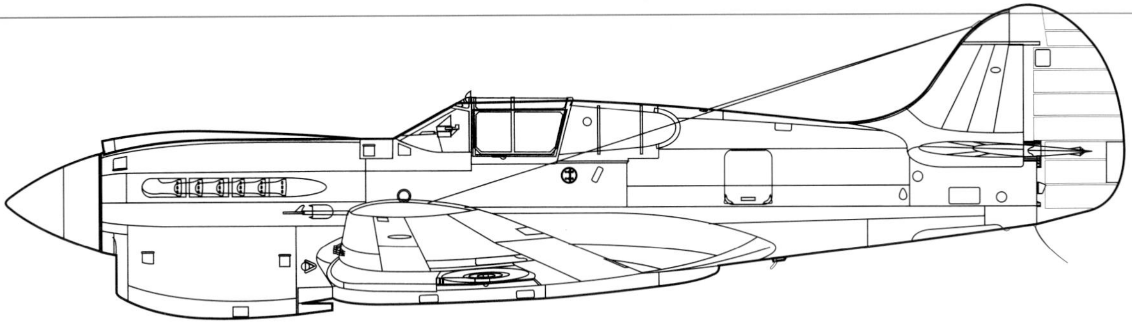

Retour au moteur Allison (V 1710-73) et introduction d'une arête dorsale.

P-40L

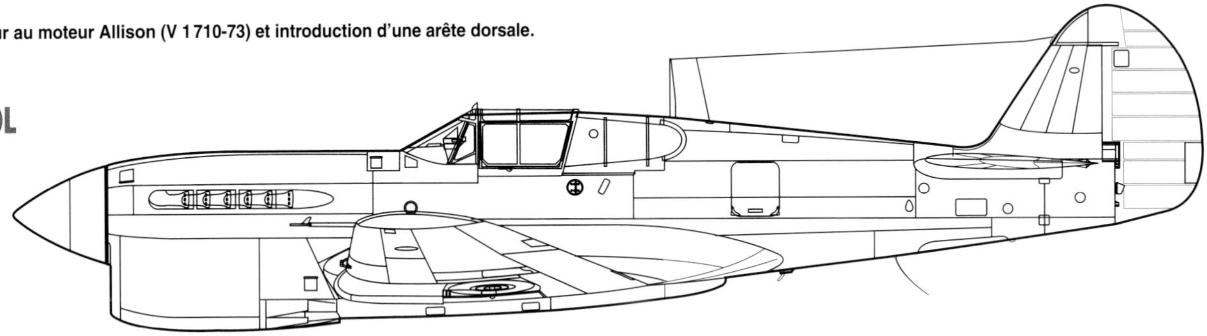

Moteur Merlin, armement et blindage réduits.

P-40M

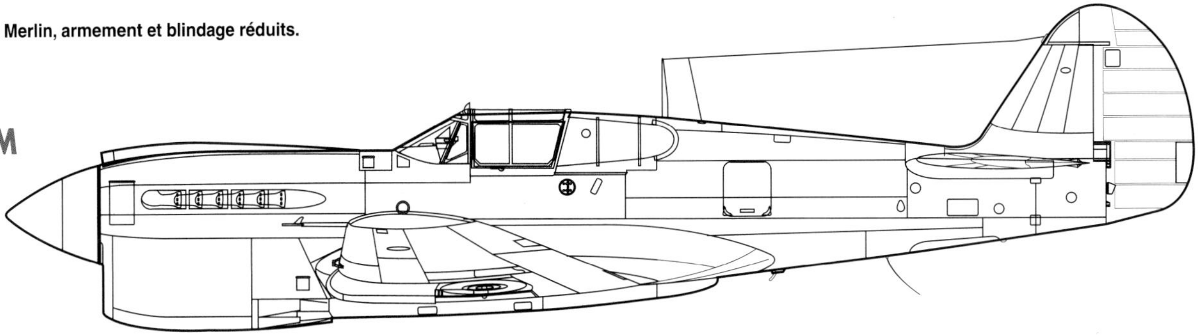

Identique au P-40K mais avec un moteur Allison V 1710-81.

P-40N

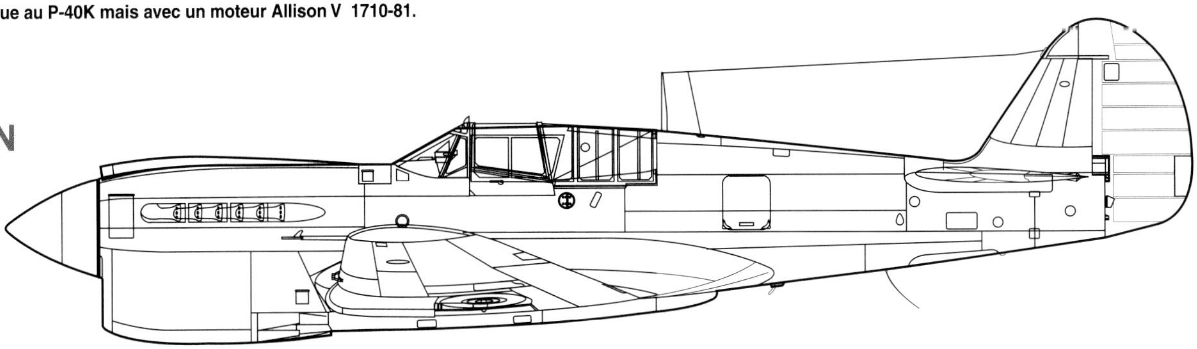

Initialement identique au P-40M, mais avec quatre mitrailleuses. Des appareils de milieu de production reçurent une verrière et une motorisation différentes (Allison V 1710-99 puis -115) tout en récupérant six mitrailleuses.

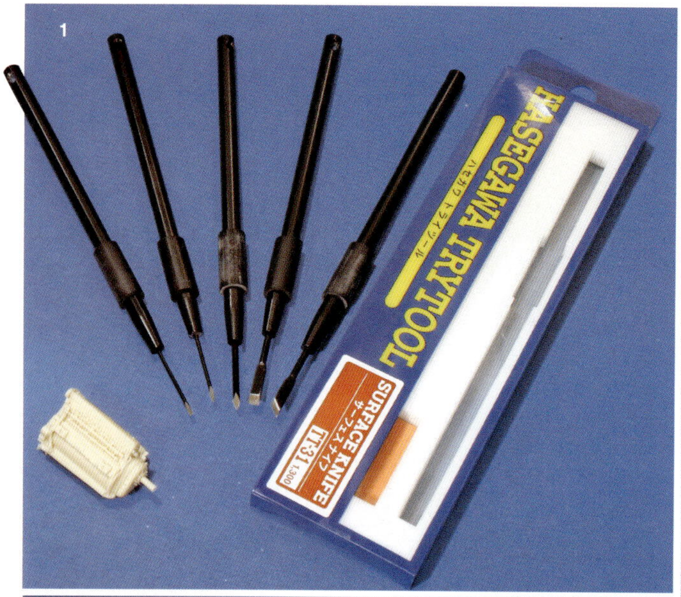

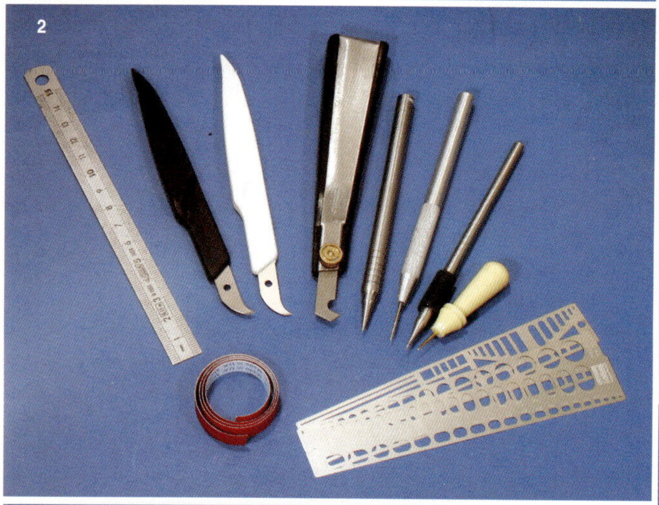

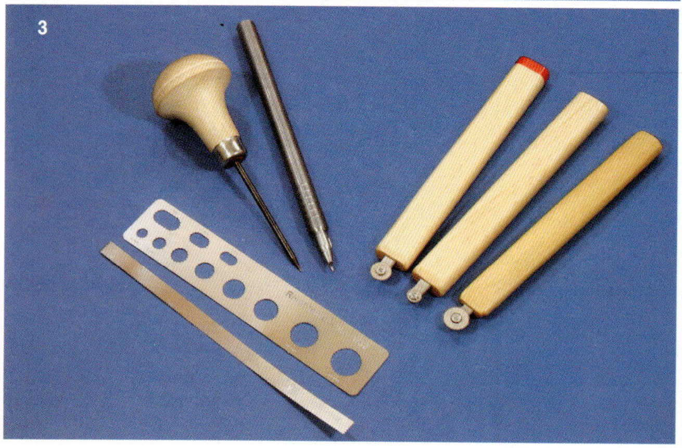

LE MATERIEL UTILISE

1. Les couteaux avec des formes de lames différentes permettent de sculpter ou d'ôter la matière avec une grande facilité.

2. Les différents outils pour regraver un kit. Les gabarits de forme sont indispensables pour regraver les petits panneaux et ne peuvent s'utiliser qu'avec des pointes.

3. *Rosie the Riveter* est l'outil idéal pour réaliser les rivets sur une maquette. Très facile d'utilisation et remarquablement précis ! La pointe MDC ou Hasegawa permet de faire des rivets à tête noyée très réalistes.

4. Tout le matériel pour limer ou poncer. Les limes sont utilisées pour le gros du travail. Le papier de verre pour carrosserie de grain 400 à 1 200 s'utilise avec de l'eau et est utile pour tous les travaux de ponçage. Le *Micro Mesh* permet de préparer les surfaces et de lustrer les peintures.

5. Les colles sont de plus en plus performantes. Les colles liquides très fluides soudent les pièces en plastique. Les colles cyanoacrylates permettent de coller également les autres matériaux (résine ou métal).

6. Les différents mastics. Les mastics liquides sont très efficaces en finition ou pour les petits joints. Ils peuvent permettre également de faire des panneaux en surépaisseur. Les mastics à deux composants permettent de combler des espaces importants ou de faire des modifications conséquentes.

7. Le *Microset* permet de faire adhérer la décalcomanie alors que le *Microsol,* lui, permettra d'épouser au plus près les surfaces (courbes, lignes de structure, protubérances).

8. Les peintures et diluants. Les teintes acryliques se diluent avec les diluants Gunze ou Tamiya ou à l'alcool. Les peintures Alclad, qui sont des laques, peuvent s'allonger au diluant cellulosique ou au *Tamiya Lacquer*.
Au pinceau, les teintes Tamiya et Gunze sèchent trop vite. Il faut donc leur préférer les peintures Prince August, qui se diluent et se nettoient à l'eau.
Les peintures enamels, comme la Humbrol, s'utilisent aussi bien au pinceau qu'à l'aérographe.

MX-BON
105
MX-BON
401
SUPER GLUE 3
Mr.CEMENT S
Contacta PROFESSIONAL
EXTRA THIN CEMENT
SUPER GLUE 3
5

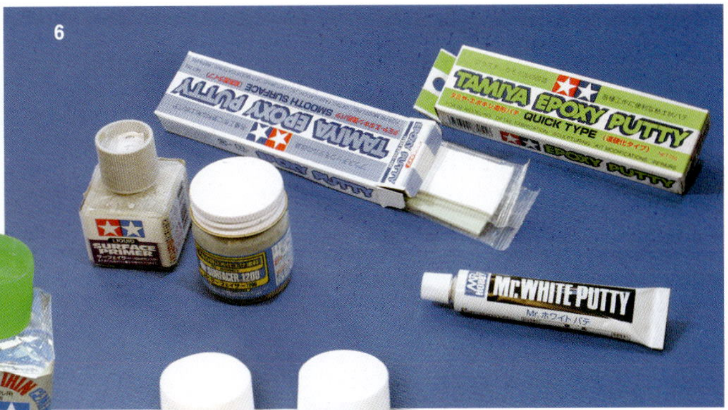
TAMIYA EPOXY PUTTY
SMOOTH SURFACE
TAMIYA EPOXY PUTTY
QUICK TYPE
SURFACE PRIMER
Mr.WHITE PUTTY
6

MICROSCALE INDUSTRIES, INC.
MICRO SOL
MICROSCALE INDUSTRIES, INC.
MICRO SET
POP
7

HOBBY COLOR THINNER
400
ALCOOL A 90°
TAMIYA COLOR ACRYLIC PAINT
X-20A THINNER
LACQUER THINNER
FLAT VARNISH
MISTER KIT
ALCLAD II LACQUER
8

CURTISS P-40B
MONOGRAM

MONTAGE AU 1/48

Par Emmanuel Pernes

DIFFICILE D'IMAGINER LE P-40B autrement qu'avec la robe marron et verte et a gueule de requin des AVG du général Claire Lee Chennault, les célèbres « Tigres volants ». C'est sous ces couleurs que cet avion a connu ses plus grands succès et a consacré de nombreux as. Les plus connus sont Robert T. Smith et surtout Greg Boyington, immortalisé par la série TV « Les Têtes brûlées ».
Pour autant, la version B n'est pas la mieux représentée des versions du P-40 par les fabricants de maquettes.
Au 1/48, le modèle le plus juste au niveau des formes et des dimensions est toujours celui de Monogram, datant de 1964.

Les formes générales de l'avion sont bien restituées. On prendra soin de se doter d'une bonne documentation avant de commencer.

ORDRE DE REALISATION

1. Présentation
   - — Présentation bis
   - — Outils de regravure
2. Préparation des surfaces
   - — Gravure et rivetage
   - — Karman option A
   - — Karman Surfaceur
   - — Surfaceur
   - — Ailerons
   - — Douilles
   - — Pipes d'échappement
   - — Rectification du nez
   - — Rectification du vitrage
   - — Ajustage du nez rapporté
   - — Charnière
3. Habitacle
   - — Préparation du cockpit
   - — Cockpit (scratch)
   - — Réservoir (scratch)
   - — Peinture du réservoir
   - — Peinture du cockpit
4. Voilure
   - — Puits de train (scratch)
   - — Trains
   - — Roulette de queue
   - — Trappes
   - — Volets
   - — Volets en scratch
   - — Dièdre
5. Peinture et décals
   - — Trappes à essence
   - — Sous-couche
   - — Peinture du dessous
   - — Dark earth
   - — Masque et vert
   - — Peinture du dessus
   - — Masquage des roues
   - — Placards
   - — Décals
6. Patine
   - — Eraillures du Karman
   - — Jus
   - — Patine du dessous
   - — Pigments
   - — Coulures
7. Finitions
   - — Glissière
   - — Volets de refroidissement
   - — Viseur
   - — Feux de navigation
   - — Fil d'antenne
   - — Thermoformage
   - — Modèle fini

Ce qui veut dire qu'il est très loin des standards actuels au niveau de la gravure et des détails intérieurs. C'est pourtant le kit que nous avons choisi pour représenter l'appareil de Tommy C. Haywood, pilote du 3rd Pursuit Squadron « Hell's Angels », basé à Kunming, en Chine, en juin 1942. Le but de l'article qui va suivre est de vous présenter les « trucs et astuces » pour remettre à niveau un kit ancien en utilisant quelques produits du commerce (photodécoupe Eduard), de la carte plastique et la fameuse « boîte à rabiot », où l'on conserve religieusement des pièces inutilisées ou les reliquats des kits détruits.

1. PRÉSENTATION

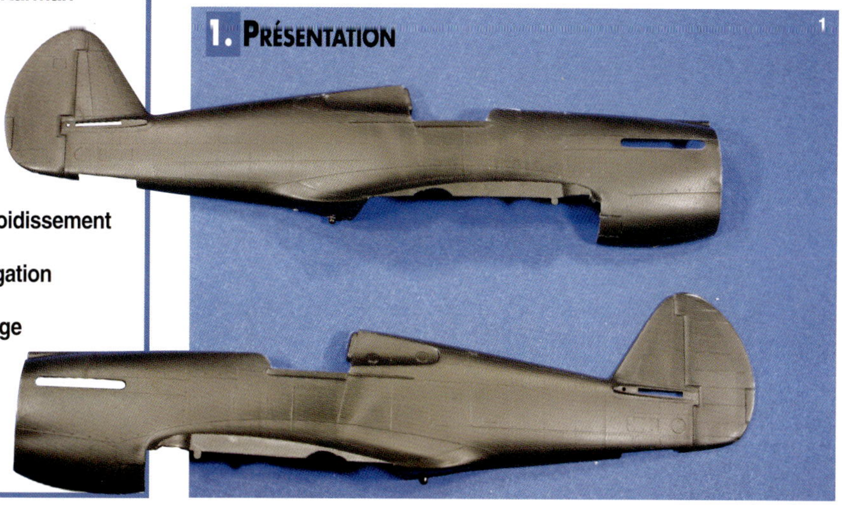
1

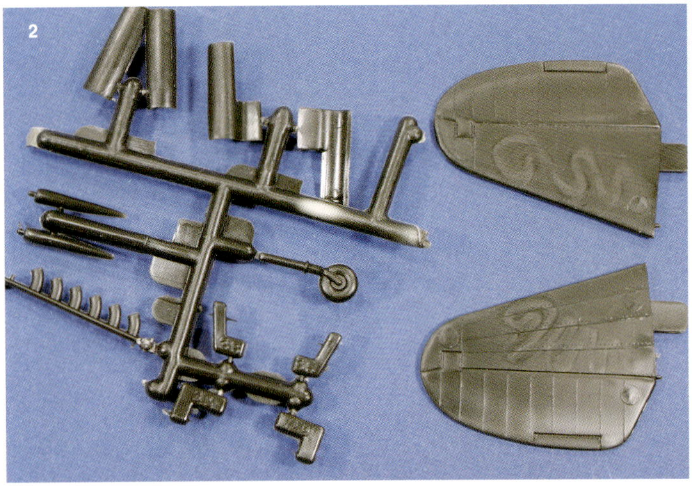

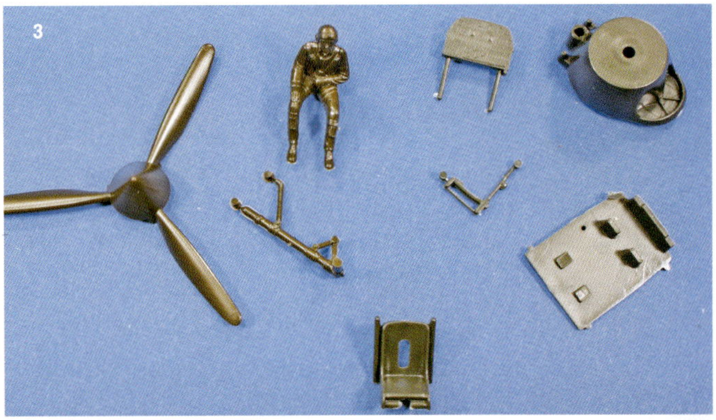

1. La gravure et le rivetage sont très légers, mais en relief (page précédente).

2. On voit ici que le moulage n'est pas toujours excellent, avec pas mal de bavures et des plots de démoulage sur les pièces (ici les gouvernes de profondeur).

3. Les petites pièces sont souvent grossières et devront fréquemment être remplacées. Certains détails sont extrêmement simplifiés, voire faux, comme le tableau de bord qui correspond à un P-40E !

4. Pour regraver la maquette, plusieurs outils existent. Des gabarits ou de la bande Dymo vont servir de guides. Les outils Tamiya ou Hasegawa (en noir) sont parfaits pour les lignes droites alors que les pointes sont recommandées pour réaliser les courbes ou les petits panneaux.

5. Pour riveter les surfaces, le meilleur outil vient de République tchèque. Il s'agit d'une roue dentée placée sur un axe. *Rosie the Riveter* est d'une extrême précision et d'une grande facilité d'utilisation.

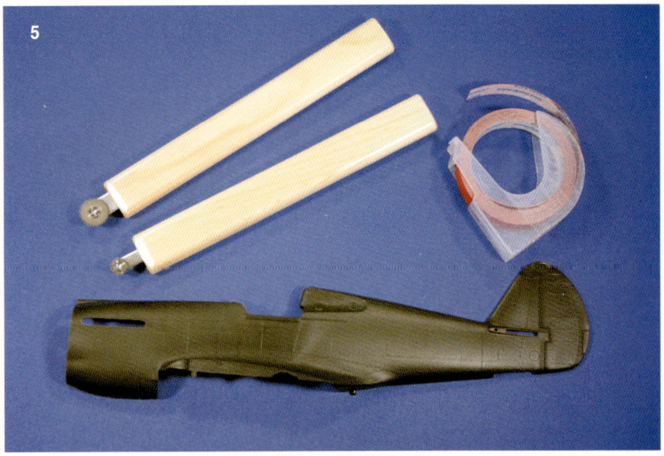

2. Préparation des surfaces

C'est souvent la phase la plus ingrate, mais il ne faut surtout pas la négliger, car c'est elle qui conditionnera l'aspect final de la maquette. Cette phase est même sans doute plus importante que le détaillage des parties internes, moins visible, mais plus gratifiante.

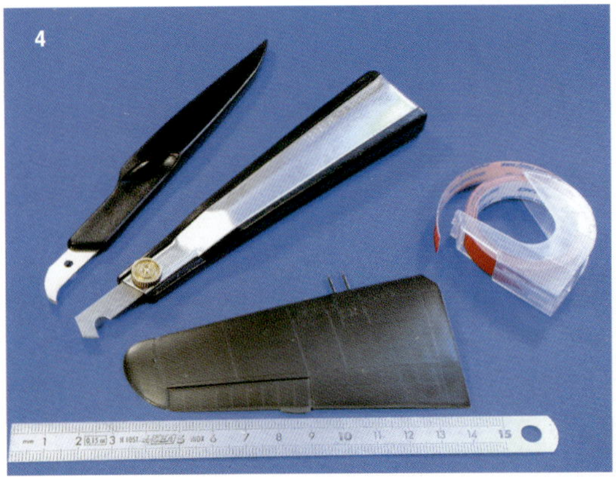

6. En s'aidant de la gravure existante (que l'on poncera ensuite), on place un morceau de bande Dymo. On suit ensuite ce guide avec un outil pour regraver en faisant deux ou trois passages sans trop appuyer. On obtient ainsi une ligne de structure en creux en enlevant un copeau de plastique.

7. On passe ensuite un peu de colle liquide dans la ligne pour la rendre la plus régulière possible. Une fois sec il suffit de passer un petit coup de papier de verre à l'eau très fin (grain 1 000 ou 1 200) pour avoir une ligne parfaite.

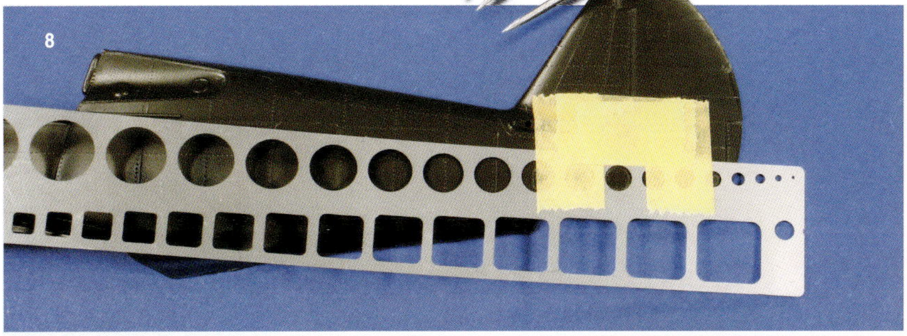
8

9

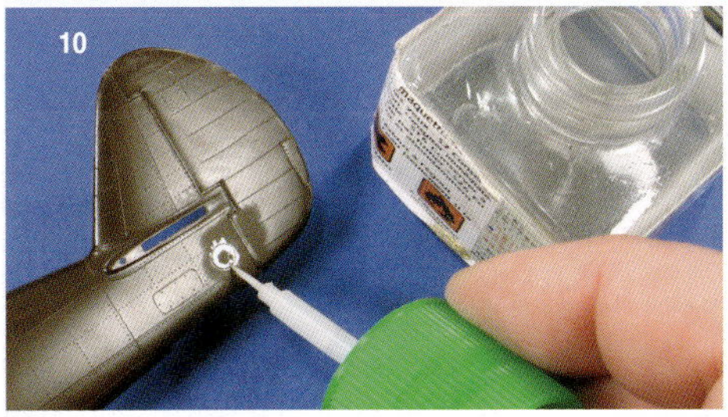
10

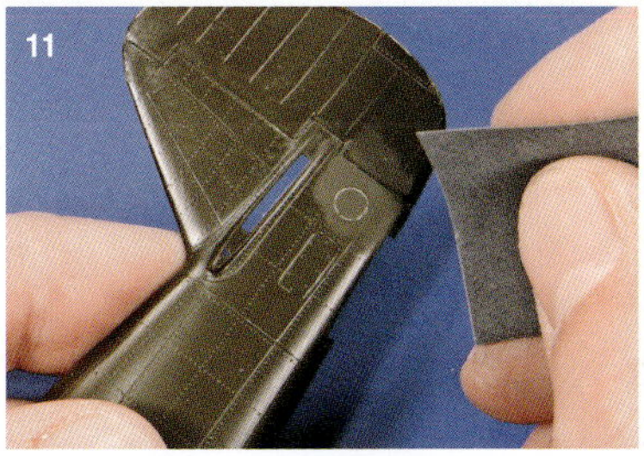
11

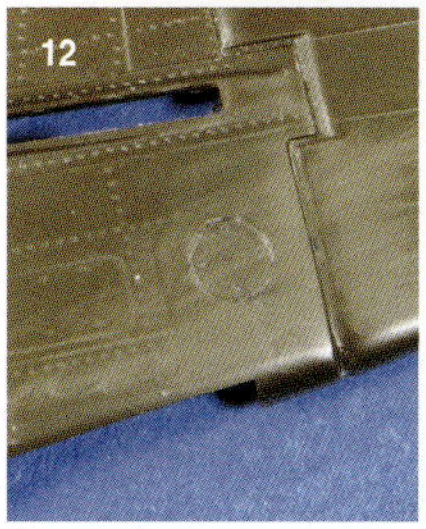
12

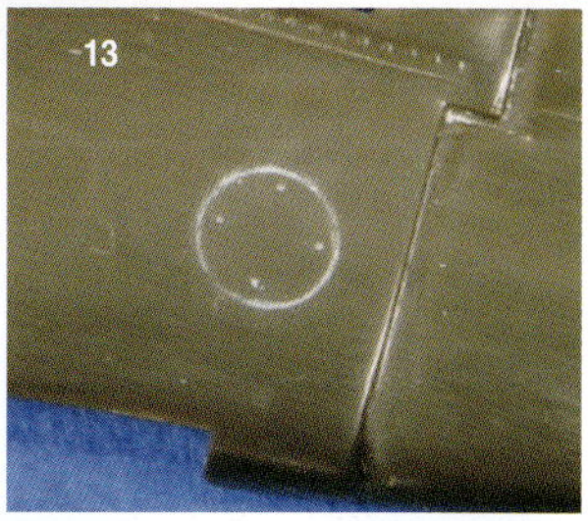
13

8 et 9. **Pour reproduire certains panneaux, on a besoin d'un gabarit en photodécoupe. Il est maintenu en place grâce à de la bande adhésive. Avec une pointe, en suivant le contour du gabarit, on effectue plusieurs passages.**

10. **Le résultat est encore irrégulier. On doit également passer de la colle liquide dans la gravure pour faire fondre les irrégularités.**

11. **Une fois la colle bien sèche, on ponce délicatement la gravure.**

12 et 13. **On repasse sans appuyer la pointe dans la gravure pour terminer cette étape.**

14. **Les gouvernes de profondeur sont désolidarisées des plans de profondeur à l'aide d'une scie en photodécoupe pour pouvoir les présenter braquées.**

15 et 16. **Certains panneaux sont refaits en surépaisseur grâce à de l'aluminium adhésif. Les écrous de fixation sont réalisés grâce à l'outil MDC qui permet de réaliser des rivets à tête noyée.**

17, 18 et 19. **Dans un premier temps, la surépaisseur du raccord Karman a été figurée grâce à de l'aluminium adhésif. Mais au fil des nombreuses manipulations, l'aluminium s'est marqué et détérioré.**

20 et 21 page suivante. **C'est pourquoi une autre solution a été envisagée. Après un masquage précis, du Surfacer 1 000 allongé avec du diluant (*Lacquer Thinner*) Tamiya a été diffusé à l'aérographe sur les parties devant rester en relief.**

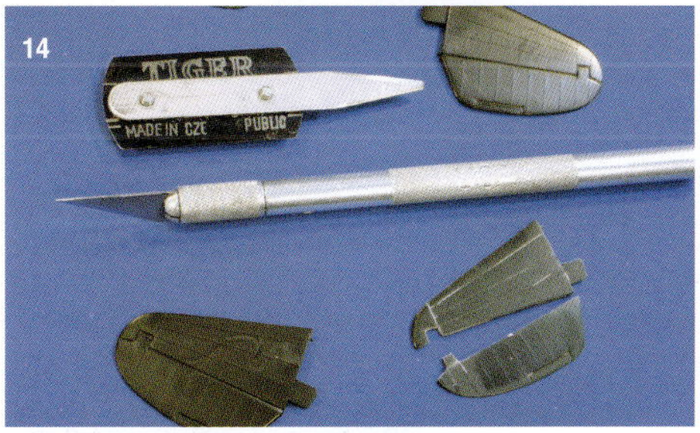
14

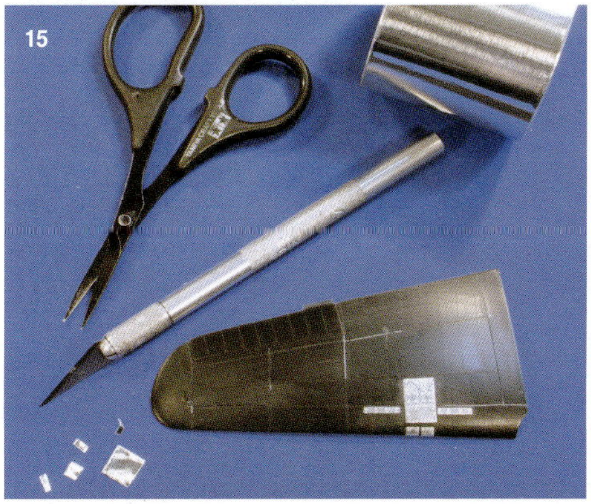
15

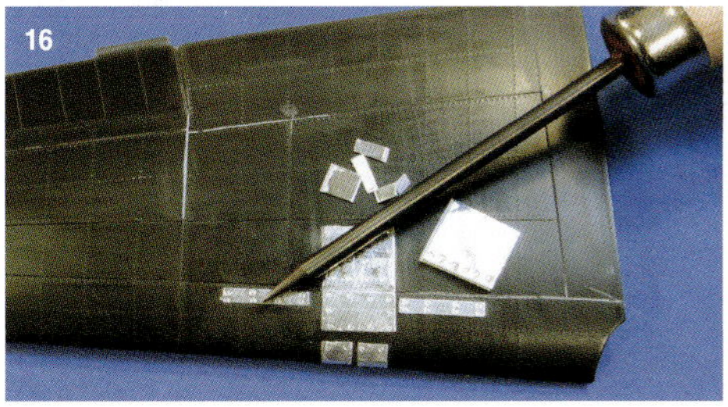
16

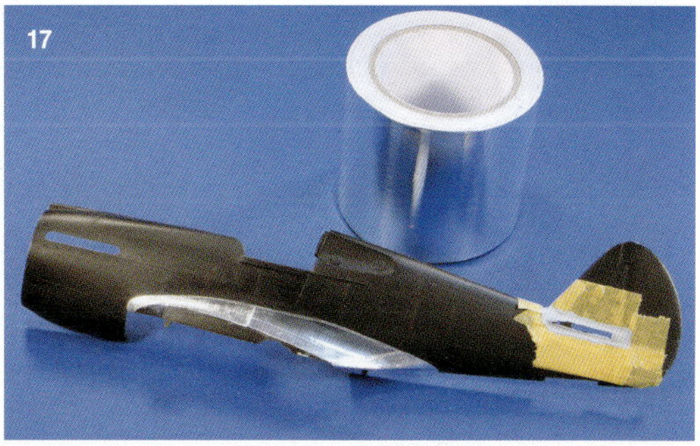
17

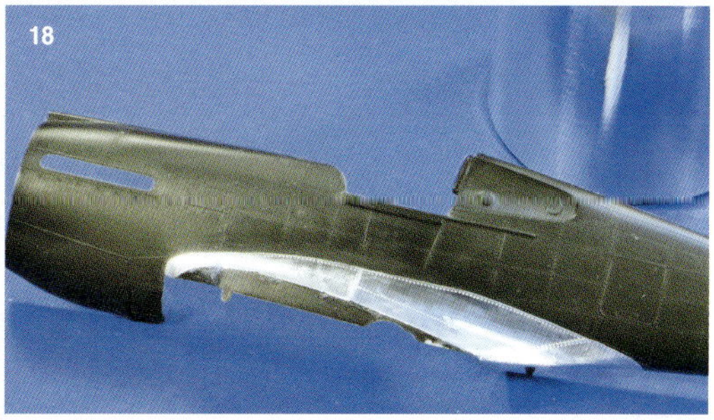
18

19

22. **On obtient ainsi des surfaces en léger relief et parfaitement lisses. De plus, ce produit se rivette et se grave parfaitement.**

23 et 24. **Les orifices d'éjection des douilles situées à l'intrados sont percés. De petits morceaux de carte plastique sont collés pour avoir des bords parfaits.**

25. **Les pipes d'échappement sont percées. Leur forme est heureusement ronde. On commence par piquer le centre avec une pointe. Puis on perce avec des forets de plus en plus grand. Le résultat. Il faut recommencer pour les onze autres. Heureusement, ce ne sont pas des « fish tails » (queues de poisson).**

26. **Les entrées d'air représentées par Monogram ne sont pas assez profondes et surtout très simplistes. Elles sont enlevées d'abord au moyen d'un foret…**

27, 28 et 29. **Puis d'une lame X-Acto. Une lime arrondie achèvera le travail.**

30. **Les entrées d'air sont allongées au moyen de tubes coupés en deux et collés en forme (et en force) à l'arrière de la pièce.**

31. **Les filtres sont réalisés dans des bâtons de sucettes (qui avaient le bon format !) et la grille métallique est découpée à l'emporte-pièce. Un cache optique représentant le bas du bloc-moteur est réalisé pour cloisonner l'espace à l'arrière des filtres (au cas où les volets de refroidissement seraient présentés ouverts).**

32 et 33. **Le résultat final.**

34. **Le nez rapporté ne se met pas bien en place, tout comme les carénages de mitrailleuses. De nombreux ponçages, ainsi que du mastic à deux composants, sont donc nécessaires.**

35. **Les vitrages latéraux du côté gauche, qui accueillait les réservoirs d'essence sur le vrai appareil, sont percés à l'aide de forets.**

36. **La trappe d'accès à la radio a été refaite en légère surépaisseur avec de la carte plastique très fine. La charnière piano est un morceau de fil étiré strié grâce à une lame X-Acto.**

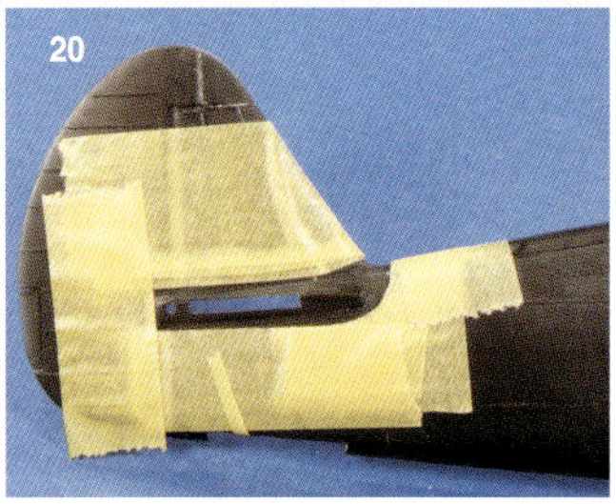

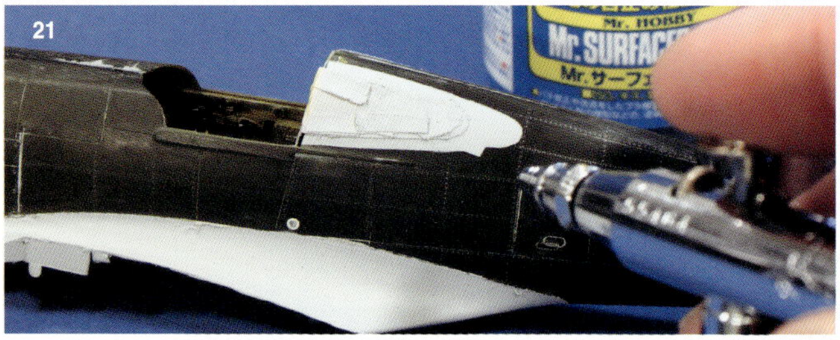

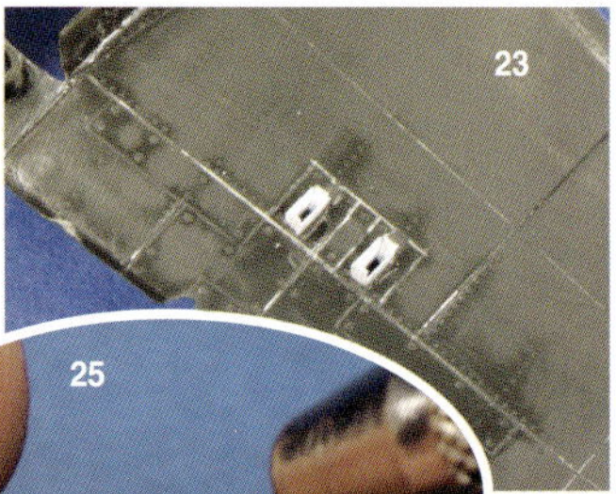

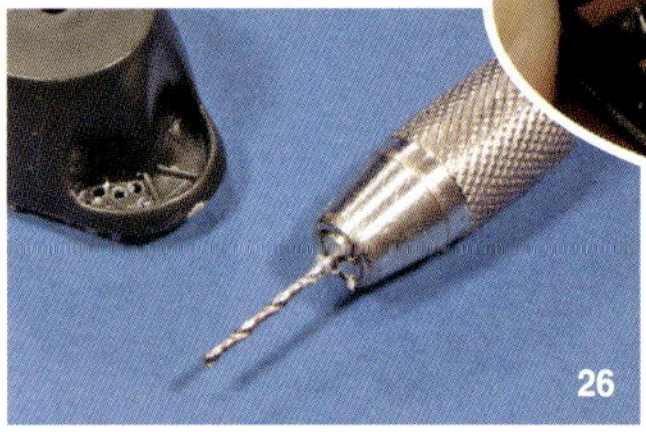

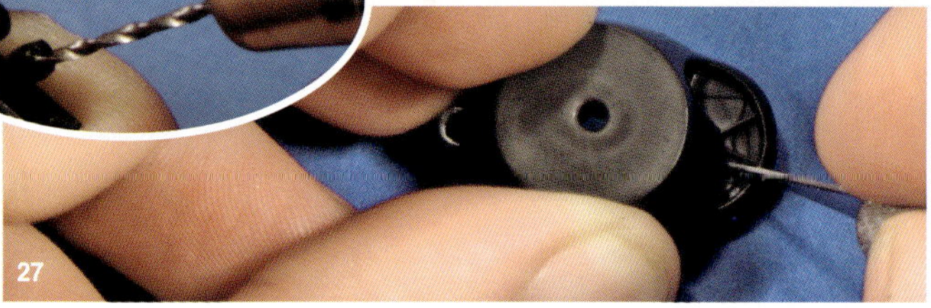

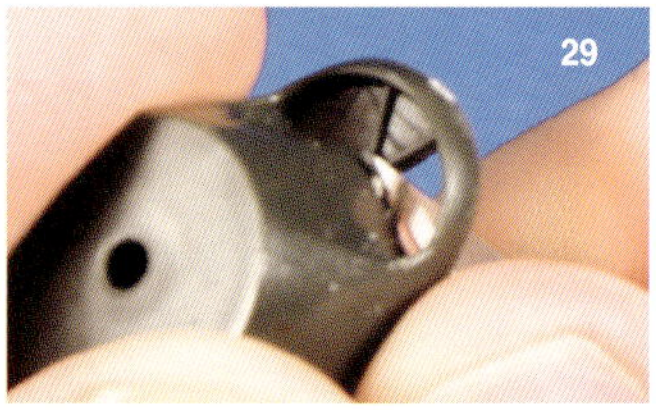

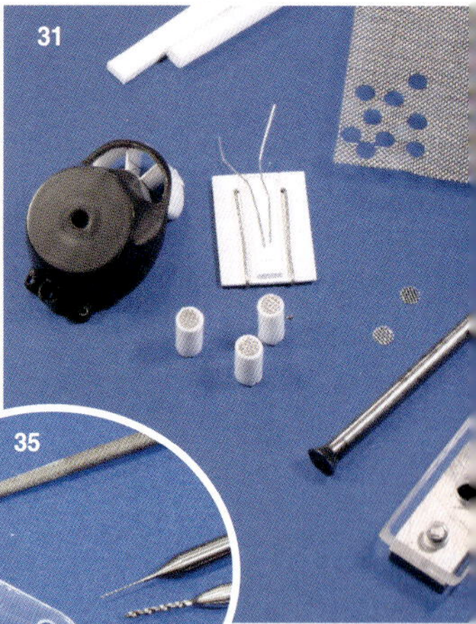

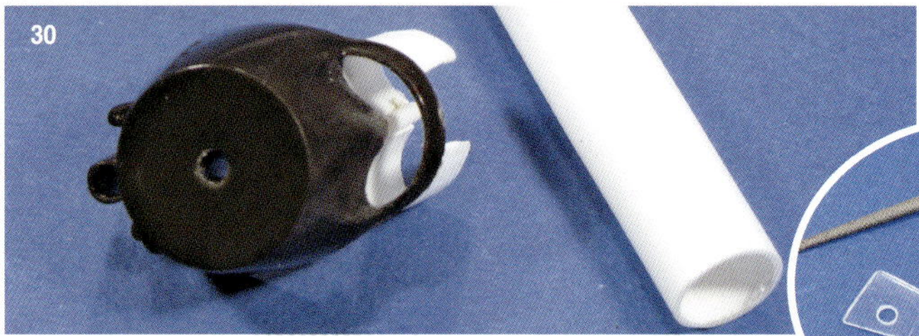

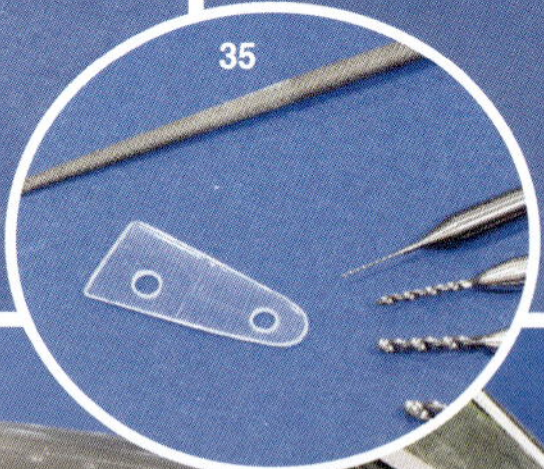

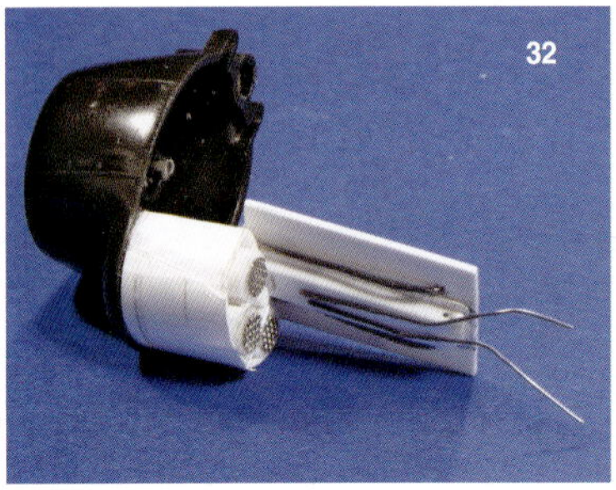

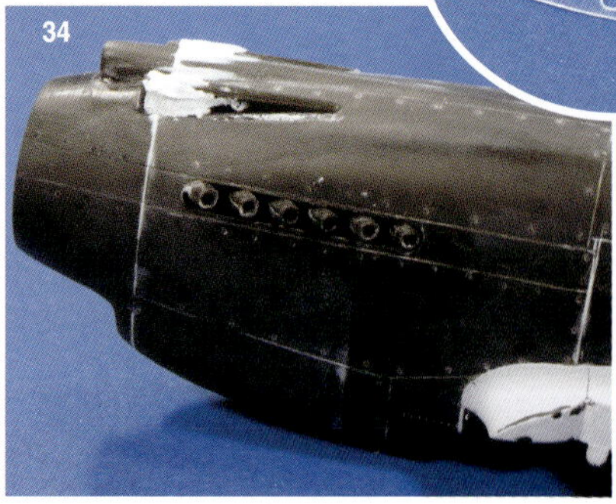

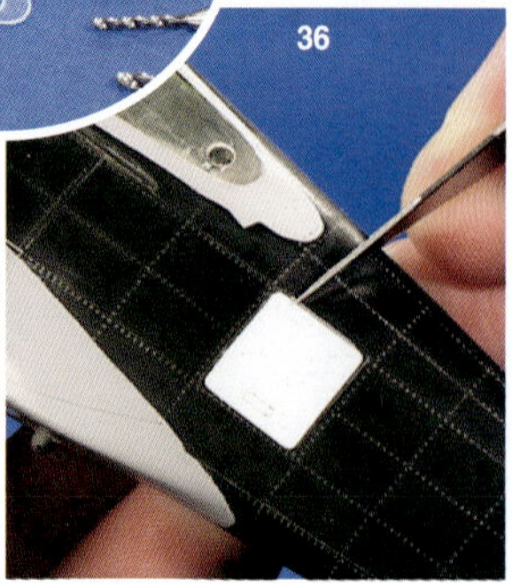

3. L'HABITACLE

Le cockpit fourni par Monogram est très simpliste, voire faux en ce qui concerne le plancher et le tableau de bord. Il vaut mieux tout reprendre. Eduard a édité une planche de photodécoupe pour le P-40 de Trumpeter que j'ai utilisée, mais la carte plastique sera encore utile…

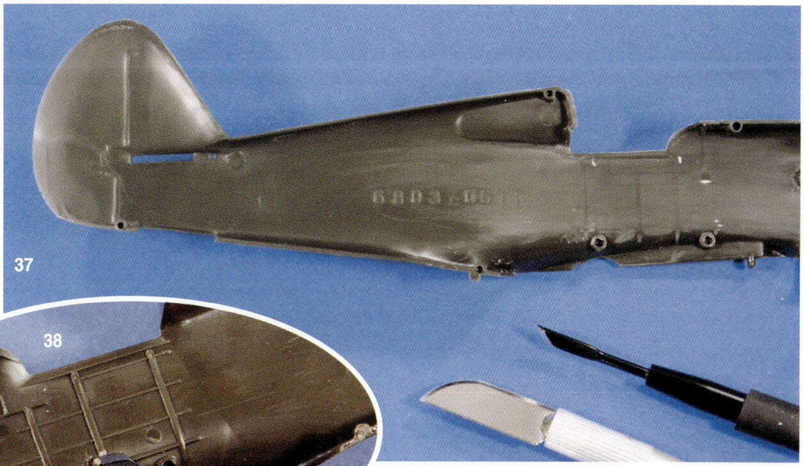

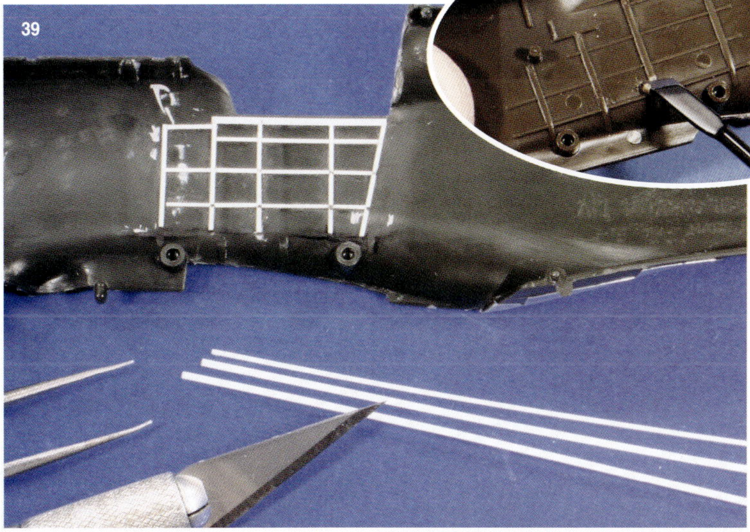

37 et 38. La structure gravée sur les flancs du fuselage est enlevée grâce à un ciseau à pointe biseautée.

39. Les flancs sont habillés grâce à des baguettes d'Evergreen.

40. La planche de photodécoupe consacrée au P-40B Trumpeter est bien utile. Tous les boîtiers sont réalisés par pliage.

41. Un petit flexible est réalisé en enroulant du fil de cuivre très fin autour d'un profilé Evergreen.

42 et 43. Le câblage est réalisé en fil d'étain (matière très malléable et facile à mettre en forme) et collé à la colle cyanoacrylate.

44,45 et 46. Le plancher est refait en carte plastique. Il est légèrement bombé, comme sur le véritable appareil. De petits renforts sont réalisés en carte plastique et rivetés à l'aide de l'outil MDC. Le siège en résine True Details reçoit un coussin fait en mastic à deux composants Tamiya.

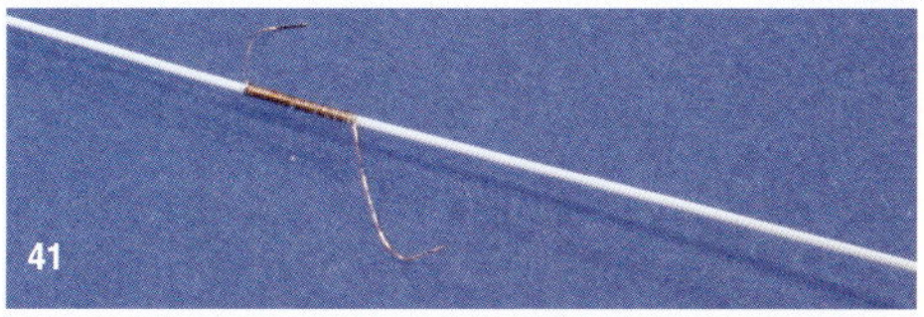

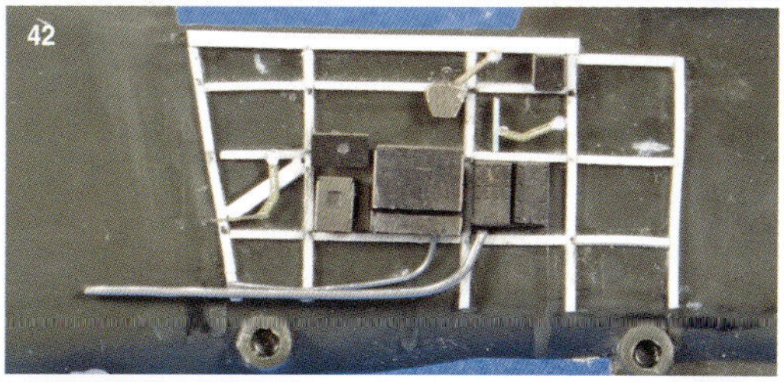

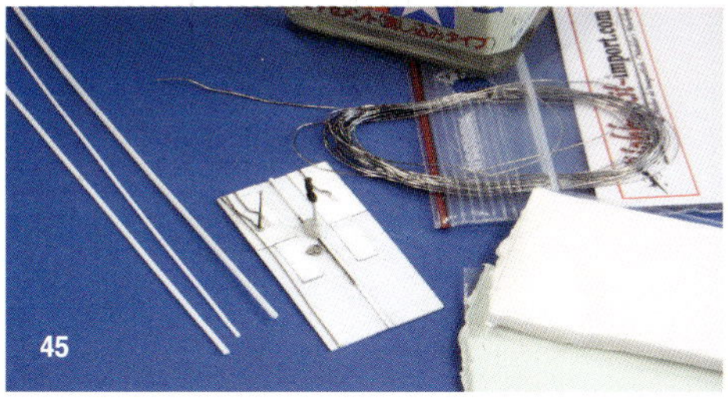

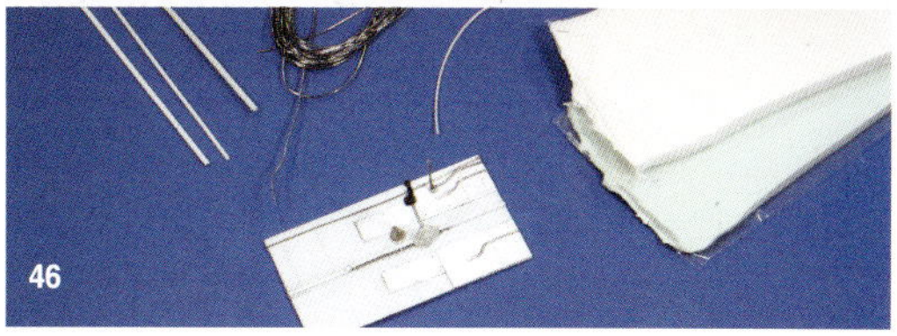

47. **Le réservoir était placé juste derrière une cloison non fermée dans le P-40B. Bien que peu visible, il a été fait en scratch grâce aux matières et outils habituels.**

48. **Le réservoir est peint en Alclad *aluminium*, avec des reflets *steel*.**

49 et 50. **La patine est réalisée avec de l'encre acrylique Pébéo sépia. Les détails sont repiqués avec les peintures acryliques Prince August.**

51, 53 et 54. **L'habitacle est peint en *Interior green H 58* de Gunze. Des éclaircies sont réalisées grâce au *Jaune XF-4* de Tamiya. Les habituels jus à l'huile terre d'ombre brûlée renforcent les contrastes. La dernière étape est l'application de pigments couleur sable et terre sur le plancher, au niveau des zones de marche.**

52. **La photodécoupe prépeinte apporte un réel « plus » au niveau du tableau de bord et des sangles du harnais.**

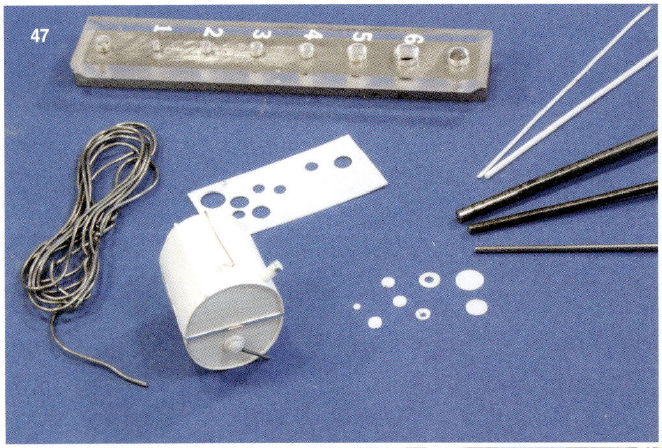
47

48

49

50

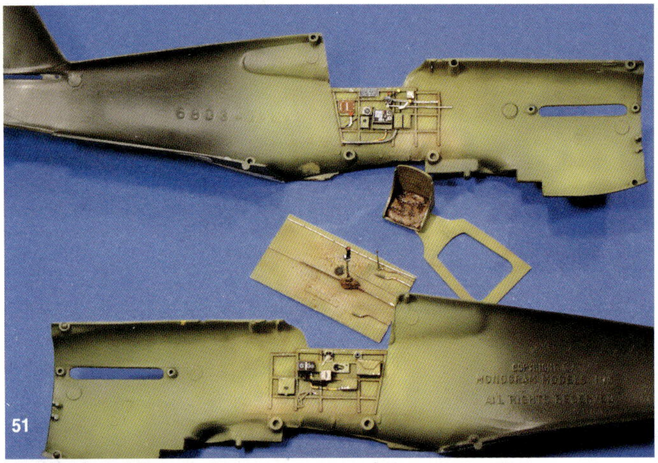
51

52

53

54

4. Voilure

55. Les puits de train sur la maquette Monogram sont carrément inexistants. La première chose à faire est de cloisonner la partie supérieure avec de la carte plastique fine.

56. La partie accueillant la roue est réalisée en plusieurs pièces. Les renforts sont d'abord collés…

57.… puis la plaque du fond, réalisée à part, est placée en dernier. Il va sans dire que les ajustages à blanc sont fréquents et que, parfois, des pièces mal calibrées doivent être recommencées.

58. Le résultat final.

59. Les trains et les roues tels qu'ils ont été vus par différentes marques, dans l'ordre Monogram, Hobbycraft, Mauve et Hasegawa. N'ayant que deux trains gauches dans ma boîte de récupération Monogram (!), j'ai opté pour un remplacement par des jambes de train Hasegawa. Ces derniers proviennent de la boîte à rabiot, le modèle original ayant appris à voler précocement…

60. Les trains reçoivent un flexible de frein en fil d'étain de 0,23 mm de diamètre. Les trappes de train sont prélevées sur la planche Eduard achetée pour l'occasion. Elles sont mises en forme sur les pièces d'origine après les avoir passées dans une flamme de bougie pour les rendre plus faciles à mettre en forme.

61. De la même façon, les volets fournis par Monogram ont été remplacés par les volets en photodécoupe Eduard, beaucoup plus fins.

62. L'insert fourni par Eduard est trop grand pour la maquette Monogram. Mais on peut s'inspirer des pièces pour le refaire en carte plastique.

63. Les pièces complexes à reproduire en scratch (renforts et plaques perforés) ont été prélevées sur la planche de photodécoupe.

64 page suivante. Au moment de la « mise en croix », le dièdre correct est maintenu grâce à du ruban adhésif Tamiya pendant le collage.

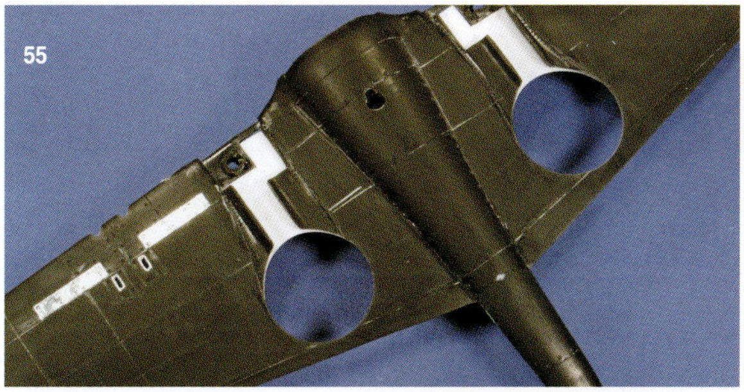
55

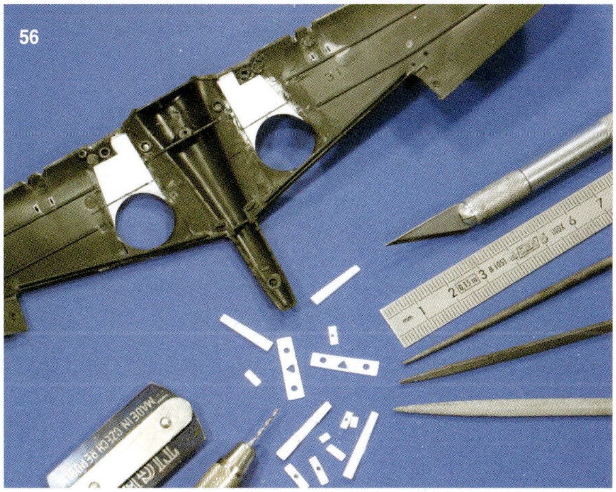
56

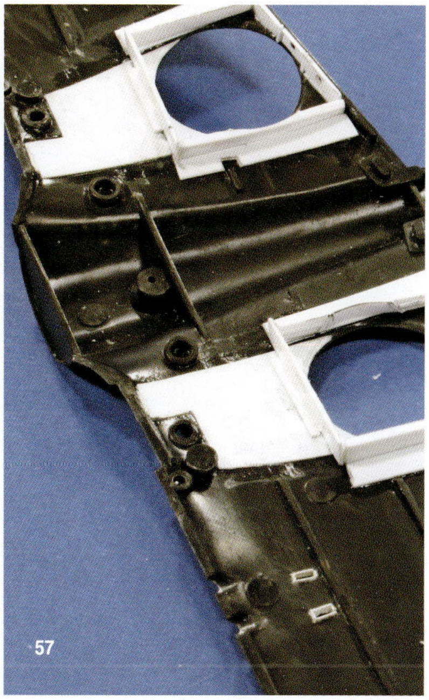
57

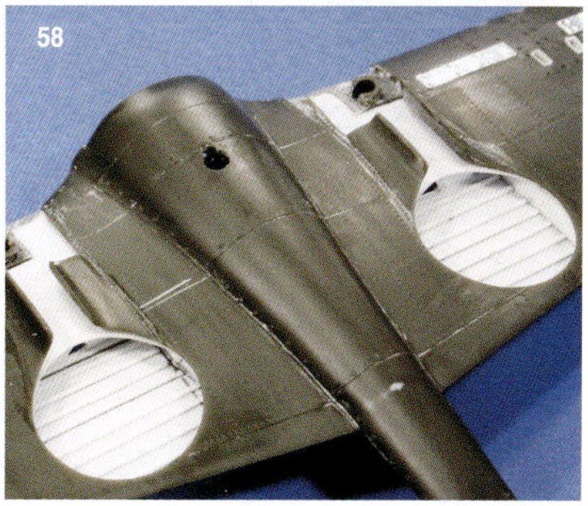
58

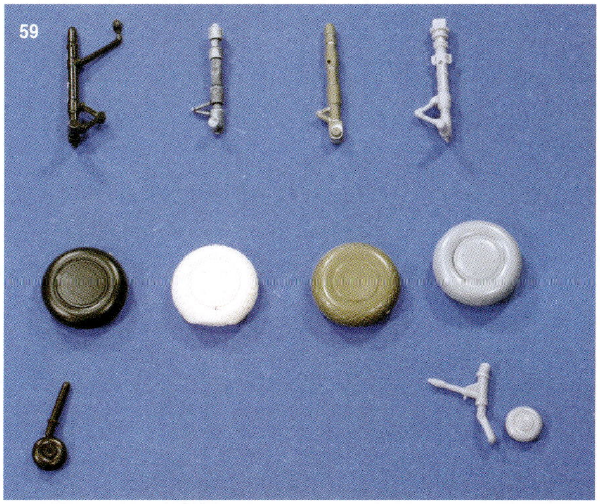
59

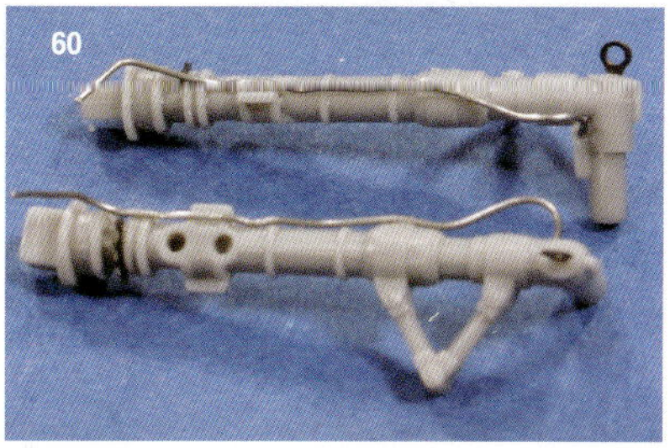
60

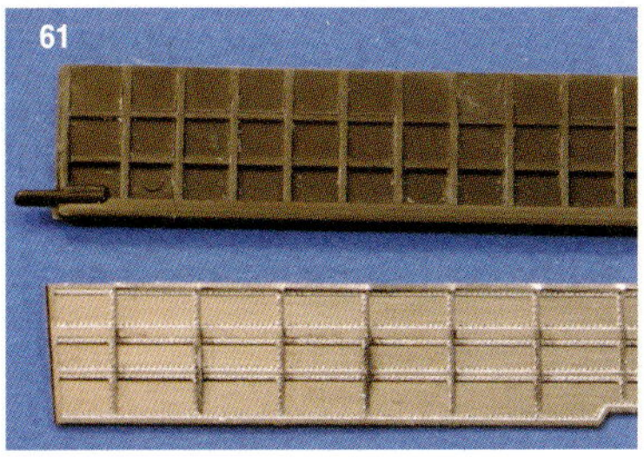
61

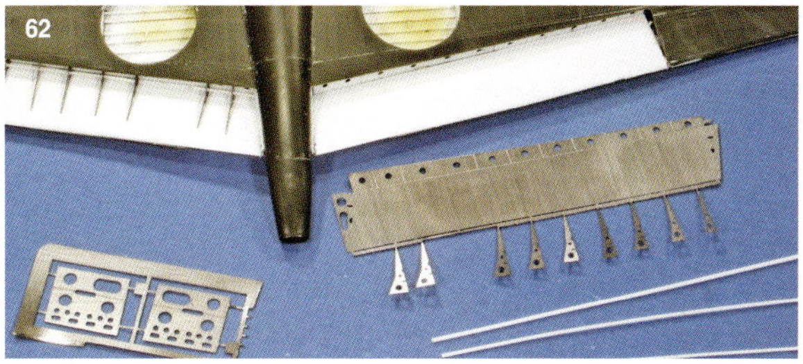
62

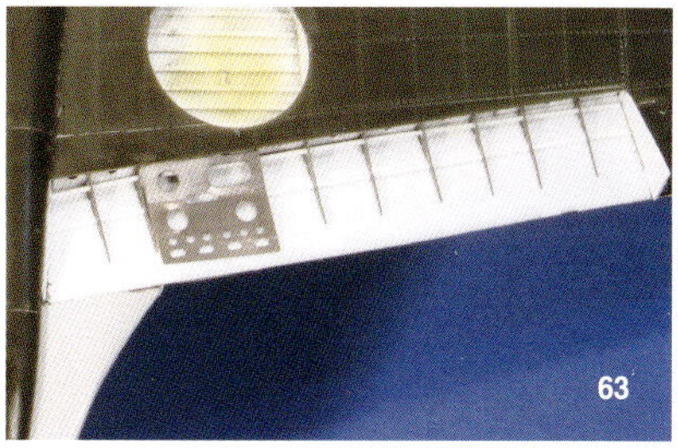
63

64

5. Peinture et décals

L'appareil de Tommy C. Haywood, qui a été sélectionné pour illustrer ce montage est vraiment haut en couleur avec une belle gueule de requin, plusieurs « tigres volants » et un insigne personnel : une tête de bouledogue avec des cornes.

65

66

68

67

69
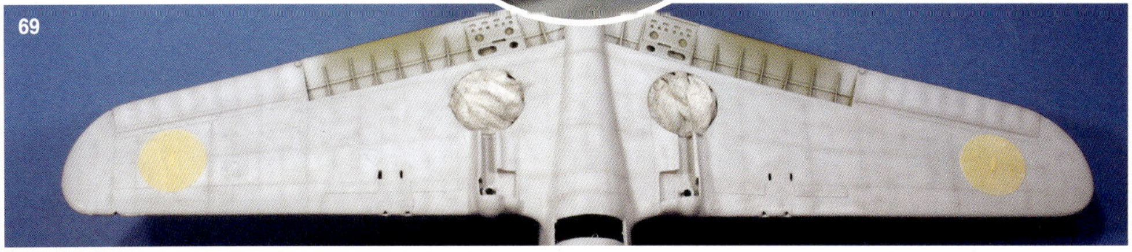

70

71

72

73

74
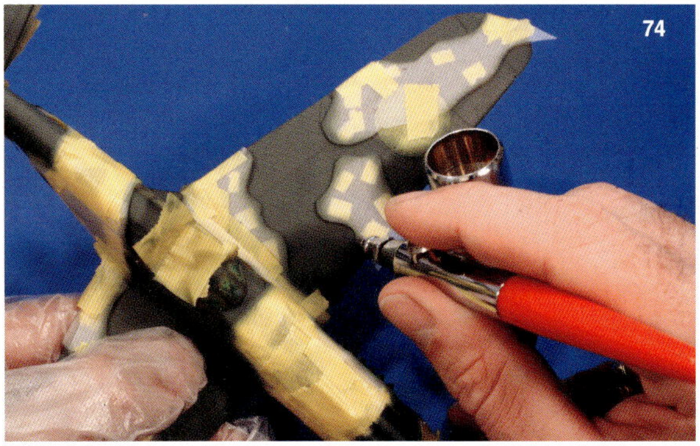

65. **Les parties se situant sous les parties vitrées latérales ne sont pas vertes, mais de la couleur du camouflage. Elles sont bien entendu peintes et patinées avant le collage des vitres.**

66, 67 et 68. **Une sous-couche aluminium est peinte avant réalisation du camouflage au niveau des zones fortement sollicitées par la maintenance. En les masquant avant peinture, ou en les grattant après, on peut ainsi obtenir des effets de vieillissement intéressants. À noter que le pare-brise n'a été collé et mastiqué qu'à ce moment par votre serviteur (alors que cela aurait dû être fait bien avant !).**

69. **Le dessous est *gris H 61* Gunze, une peinture brillante. Les masques ronds sont placés à l'endroit réservé à l'origine par le constructeur aux cocardes britanniques.**
Le gris est retravaillé avec du blanc et du noir pour simuler l'usure de la peinture. Les surfaces sont « fouettées » dans le sens du vent relatif et « marbrées » pour éviter les effets systématiques.

70 et 71. **Les avions des AVG, destinés à l'origine au Royaume-Uni, recevaient un camouflage de type britannique : marron (*dark earth*) et vert foncé (*dark green*). Mais en réalité, les avions étaient peints aux États-Unis avec des teintes approchantes fabriquées par la firme « DuPont », qui étaient légèrement différentes de celles employées par la RAF. Le *dark earth* était ainsi plus ocre et c'est donc la teinte *Gunze H 304* qui a été choisie pour le simuler.**

72 et 73. **Le *dark green* « Dupont » était proche du *medium green 42* américain, ici un *Gunze H 302*. La délimitation entre les deux teintes d'extrados était plutôt nette, car peinte en usine avec des masques flottants. C'est la même méthode qui a été utilisée. Le camouflage est copié avec du papier-calque sur un plan au 1/48 et de petits morceaux de ruban adhésif enroulés les maintiennent en place.**

74. **Il faut veiller à maintenir l'aérographe bien perpendiculaire aux masques pour éviter toute pulvérisation sous le masque qui viendrait nuire au résultat final.**

75

75. **Le résultat final est réaliste. La délimitation est assez franche. La peinture à l'extrados a reçu le même traitement que la peinture d'intrados. Il vaut mieux éviter le blanc et le noir pour éclaircir ou foncer le vert ou le marron (sous peine d'obtenir un ton crayeux) et privilégier le jaune, sable ou marron foncé.**

76. **Un moyen de peindre efficacement les jantes est de peindre d'abord le pneu, puis de répandre par capillarité autour du moyeu en surépaisseur un masque liquide.**

77. **Des placards de peinture fraîche, donc non patinés, recevant un insigne, sont réalisés après peinture.**

79. **Entre deux couches de vernis brillant (*X 22 Tamiya*), les décalcomanies provenant de la planche Cutting Edge sont apposées à l'aide des produits assouplissants *Microscale*.**

80. **Le tigre volant placé sous l'habitacle s'était décollé en vol, laissant apparaître le vernis qui était appliqué par-dessus pour le protéger. Ce détail a bien été reproduit par Cutting Edge.**

81. **Un nouveau tigre volant, placé dans le « V de Victory », avait été apposé des deux côtés du fuselage. Les cocardes étaient d'un bleu soutenu à l'origine, mais se décoloraient très vite, un autre détail bien appréhendé par la marque américaine.**

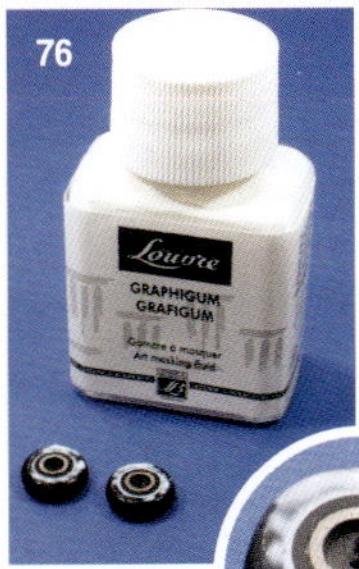

76

77

78

79

80

6. La patine

81 et 82. **Les zones de marche sur les raccords Karman sont très éraillées sur les P-40 des Tigres volants. Cet effet est simple à obtenir. Après la sous-couche aluminium, on tapote un morceau de mousse préalablement imbibé de masque liquide sur la zone sélectionnée. Après peinture du camouflage, on frotte pour enlever le masque et l'aluminium réapparaît.**

83. **Pour souligner les lignes de structure, on applique grâce à un pinceau fin un « jus » très dilué de peinture à l'huile dont on essuie l'excédent avec un chiffon doux.**

81

82

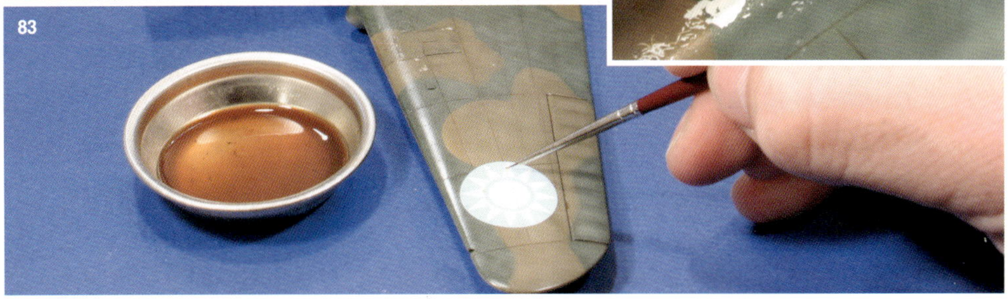

83

84

85

84 et 85. **Certaines lignes de structure sont soulignées à l'aérographe avec un mélange très dilué (90 % de diluant) de marron noir grâce à un morceau de papier adhésif repositionnable (Post-it). Des coulures d'huile sont réalisées avec de l'encre acrylique Pébéo sépia mélangée avec du vernis mat et appliquée au pinceau fin.**

86

87

86. **Les zones de marche à l'emplanture des ailes, ainsi que les puits de train reçoivent des pigments terre CMK ou Tamiya pour simuler la poussière ou les traces de boue qui s'accumulent à ces endroits.**

87. **Des coulures d'essence provenant des bouchons de réservoir sont réalisées grâce aux encres Pébéo et à de la peinture à l'huile pour artistes terre d'ombre brûlée. Les traces d'échappement sont peintes à l'aérographe avec du crème (*Gunze H 318*) et surlignées d'un fin trait marron foncé (toujours à l'aérographe).**

7. Finitions

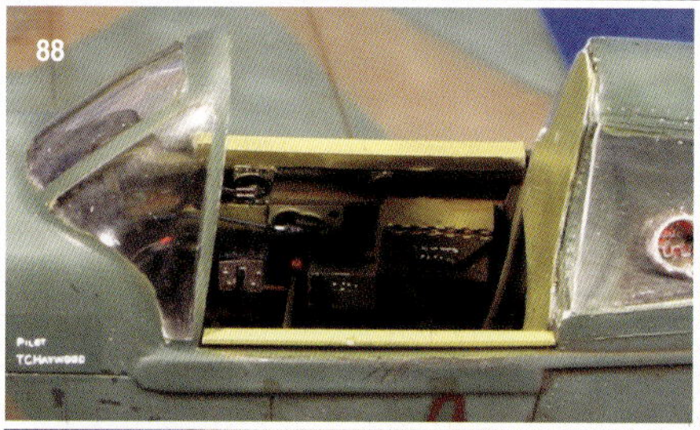

88

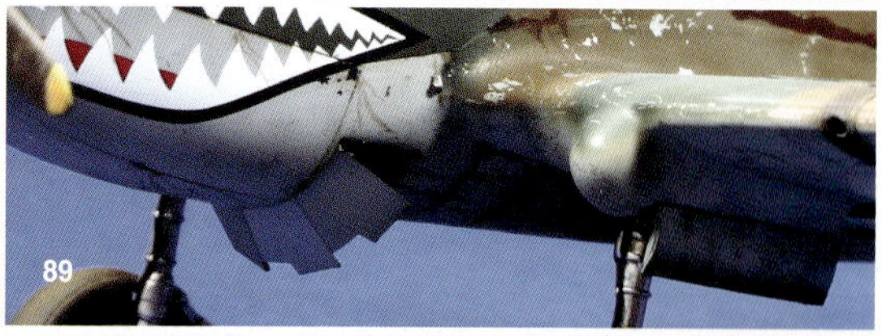

89

90

88. **Les glissières de la verrière, oubliées par Monogram sont en baguettes Evergreen en forme de « U » coupées en deux et ajustées à la colle liquide Tamiya ultra-fluide.**

89. **Les volets de refroidissement, solidaires du fuselage à l'origine, proviennent de la planche Eduard et sont mis en forme par pliage. Ils apportent un vrai plus au modèle.**

90. **Le viseur cruciforme et sa mire, très fragiles, sont placés à la toute fin du montage. Les canons des mitrailleuses d'ailes sont des tubes Quickboost 12,7 mm au 1/72 (pour simuler le 7,7 mm au 1/48).**

91. Les feux de navigation en forme de goutte d'eau, caractéristiques du P-40 sont prélevés dans une pochette Aires.

92 et 93. Après avoir percé un petit trou avec un foret très fin, on insère le feu et on le fixe à la colle blanche. Le résultat est très plaisant.

94. Placer le fil d'antenne sur un P-40 peut sembler très complexe. La première étape consiste à réaliser un petit crochet en fil de cuivre que l'on colle au sommet de la dérive avec de la cyanoacrylate dans un trou qu'on aura pris soin de réaliser auparavant.

95. Après avoir percé un trou à côté de chaque feu de position, on colle à la cyano un morceau de fil de pêche de 0,065 mm de diamètre d'un des deux côtés.

96. On passe le fil dans le crochet et on le colle sur l'autre aile. Peu importe si le fil est lâche. Pour le tendre, il suffit de passer une source de chaleur (bout d'allumette incandescent, lame X-Acto chauffée à blanc...) un ou deux centimètres sous le fil pour voir ce dernier se tendre. Il faut bien sûr agir avec précaution si on ne veut pas que le fil se casse, mais la méthode est efficace.

97. Le dernier fil est plus simple à coller et rejoint un petit isolateur placé sur le haut du fuselage.

91

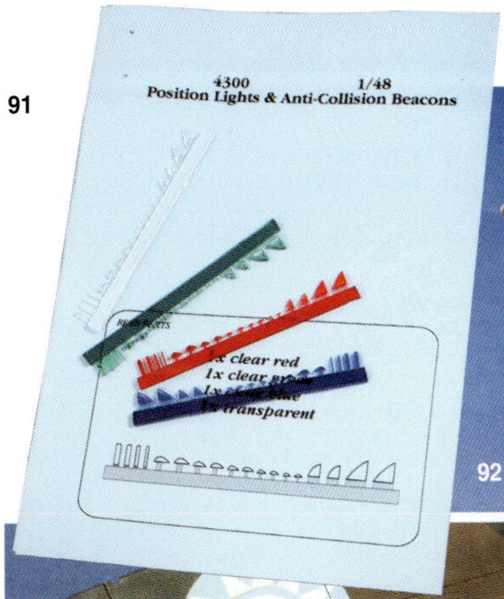

92

93

94

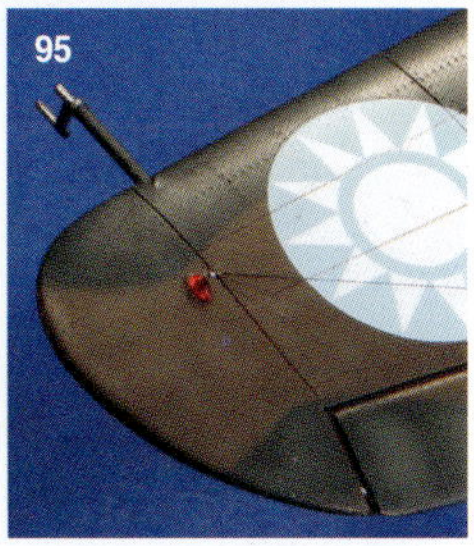

95

96

97

98

99

98. La dernière étape du montage consiste à thermoformer la partie coulissante de la verrière, trop épaisse d'origine, pour que celle-ci reste être ouverte. Le matériel est basique pour une forme simple : un morceau de rhodoïd, la pièce d'origine, un manche et une bougie.

99. La verrière est maintenue avec de la Patafix sur un manche coincé dans un étau. Le rhodoïd est placé au-dessus de la flamme jusqu'à ce qu'il devienne « brillant ». Enfin, on « emboutit » le rhodoïd sur la verrière en descendant et en ramenant les bords vers l'intérieur.

100. Le découpage de la nouvelle verrière se fait avec des ciseaux pour commencer. On termine avec une lame neuve et par ponçage, en utilisant la verrière d'origine comme patron.

101 et 102. La verrière est trempée dans du Klir pour la renforcer et lui assurer une bonne transparence.

Page suivante. De nombreux illustrateurs représentent le tigre de cet appareil posé sur un grand placard vert foncé. En réalité, il semblerait que celui-ci ait été généreusement protégé par du vernis brillant, qui donnait sur les photos un aspect plus foncé à cette zone.

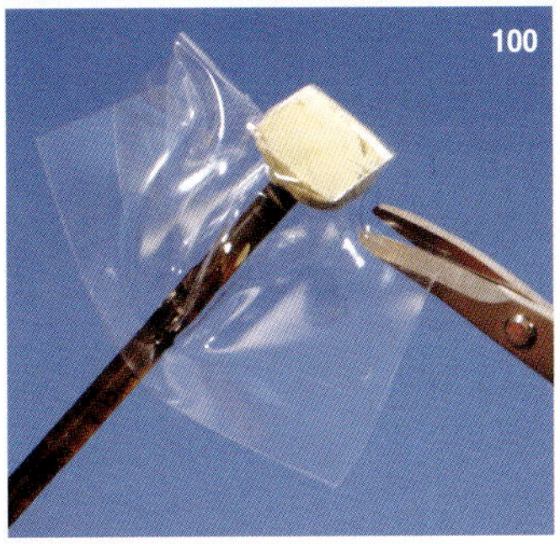

100

101

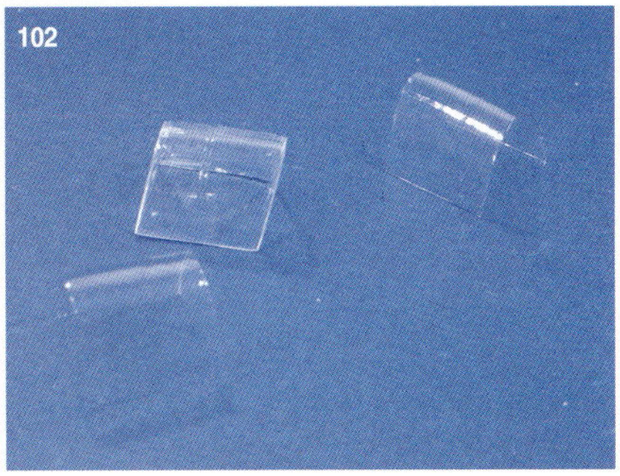

102

49
P-8133
49
P-8133

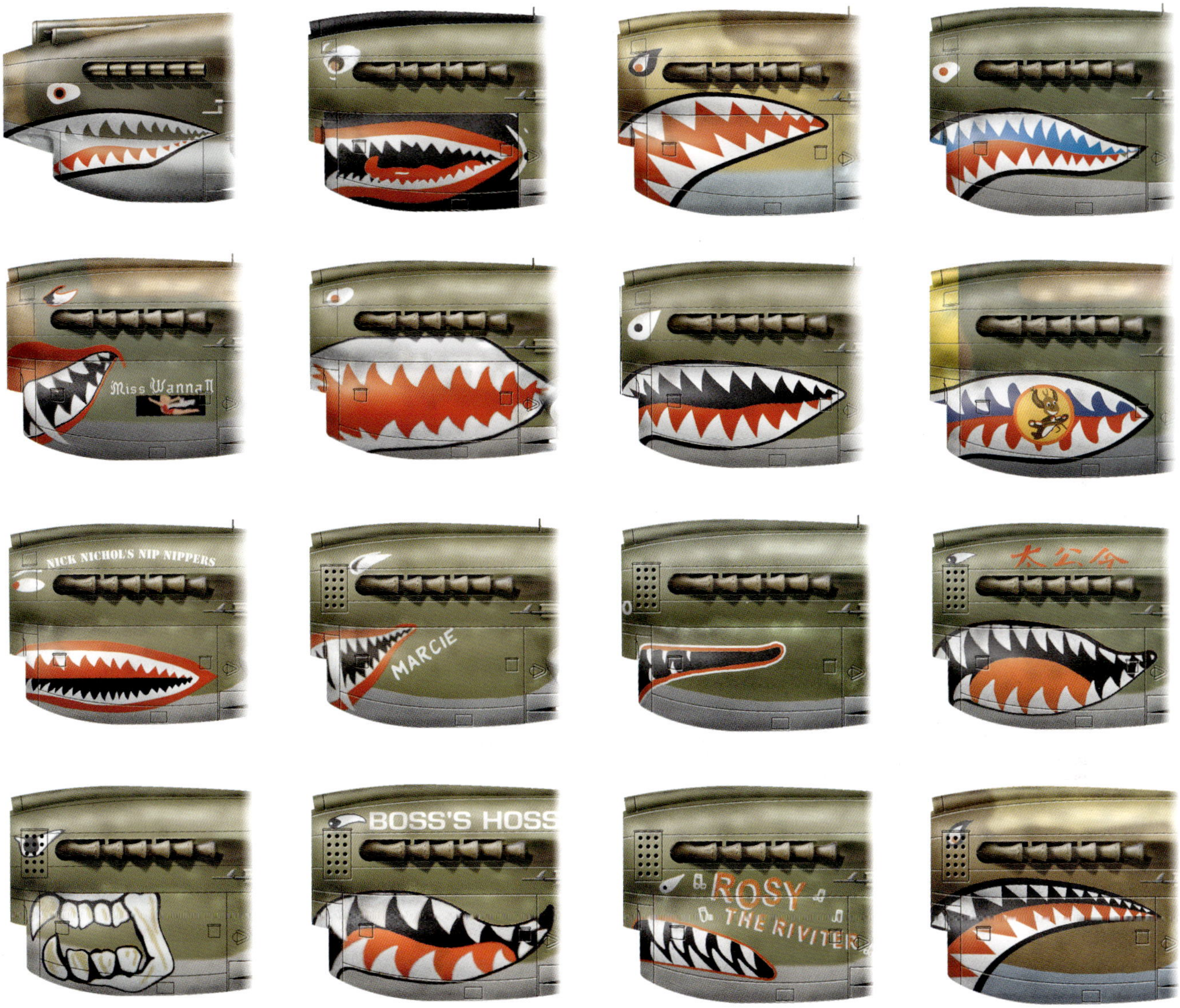

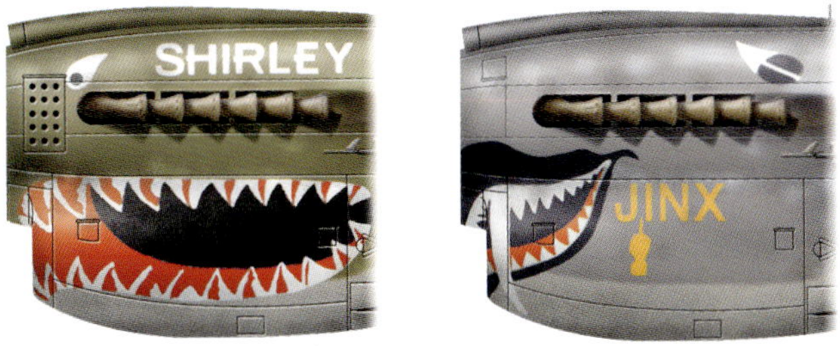

Les GUEULES de REQUIN

L'une des principales caractéristiques des P-40 était la fameuse « gueule de requin », rendue surtout célèbre par les « Tigres Volants ». En voici une sélection que l'on retrouva sur pratiquement toutes les versions du P-40 utilisées pendant la Seconde Guerre mondiale. La plupart de ces modèles de gueules de requin apparaissent dans les profils illustrant l'ouvrage « *Curtiss P-40, de 1939 à 1945* » (Collection « Avions & Pilotes », n° 3), et vous pouvez vous y reporter pour connaître avec précision la version et l'unité concernées. La seule exception à la règle est le crâne blanc peint à l'avant des P-40N du 80th Fighter Group en Inde en 1943-1944, dont on a un spécimen original à l'extrême gauche de l'avant-dernière rangée, montrant uniquement la mâchoire, après que le haut fut enlevé à la suite d'un changement de panneau. (*Dessins de D. Laurelut © Histoire & Collections*)

LE P-40E FUT, AVEC LE P-40N, la version la plus produite du chasseur de Curtiss. Il connut tous les fronts de la Seconde Guerre mondiale, des îles Aléoutiennes à l'Australie en passant par la Russie ou l'Afrique. L'appareil que nous avons choisi de représenter provient du ***9th Fighter Squadron du 49th Fighter Group*** chargé, en 1942, de protéger la ville de Darwin, en Australie, des attaques japonaises. Sa robe est sobre, classique, mais sans toutefois manquer d'originalité et elle mettra bien en valeur le travail de modification envisagé dans le cadre de ce montage.

Depuis quelques années, les produits annexes de détaillage d'une maquette foisonnent. Ils sont en général en résine, accompagnés de photodécoupe, et de plus en plus beaux et précis. Les marques leaders du marché de la résine sont CMK et Aires, alors qu'Eduard domine celui de la photodécoupe. Nous avons choisi leurs produits pour vous présenter les différentes étapes du détaillage poussé de la maquette Hasegawa du Curtiss P-40E au 1/48.

Pour pouvoir détailler l'appareil, le *Walk-Around* consacré au P-40 et édité par Squadron sera plus qu'utile.

1. Préparation des pièces

1. **Hasegawa a pris l'habitude de découper parfois à outrance ses kits pour pouvoir les décliner facilement et ainsi représenter le plus grand nombre de versions possibles.**

2. **Les détails internes sont excellents et ne seront que légèrement améliorés par l'ajout de photodécoupe prépeinte Eduard.**

- page suivante.

3. **Certains détails sont supprimés délicatement des consoles latérales à l'aide d'un ciseau Hasegawa. Ils seront remplacés par de la photodécoupe.**

4. **Il vaut mieux reconstituer chaque demi-fuselage à part pour obtenir de meilleurs ajustements. Les lignes de joints devant disparaître, un ponçage soigneux est nécessaire.**

5. **Les puits de trains sont sommairement détaillés avec des pièces Eduard...**

6. **... tout comme les consoles latérales.**

7 et 8. **Pour restituer le dessin bien particulier des sièges des P-40, on utilise un portemine.**

ORDRE DE REALISATION

1. Préparation des pièces
— Préparation
— Découpage moteur
— Découpage armement
— Rivetage

2. Le cockpit
— Peinture de cockpit
— Tableau de bord
— Patine du cockpit
— Cockpit fini

3. Le montage
— Rattrapage du Karman
— Trains
— Vitres latérales
— Scratch du réservoir d'huile
— Scratch de la cloison pare-feu

4. Peinture et patine
— Décos
— Peinture de l'armement
— Masquage puits de train
— Sous-couche
— Peinture du dessous
— Peinture du dessus

5. Décals
— Décals hélice
— Vernis mat
— Patine dessous
— Traces d'échappement
— Cellule terminée
— Détails des trains

6. Le moteur
— Compartiment moteur
— Peinture du compartiment moteur
— Présentation du moteur
— Préparation de la résine du moteur
— Peinture du moteur
— Bras moteur
— Échappement (scratch)
— Filtres
— Peinture de l'échappement
— Modèle fini

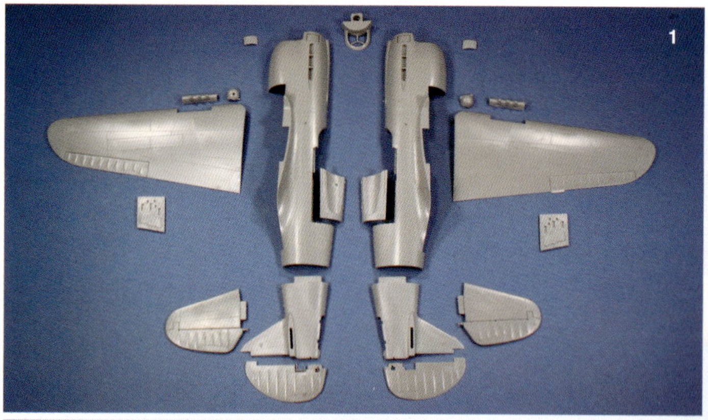

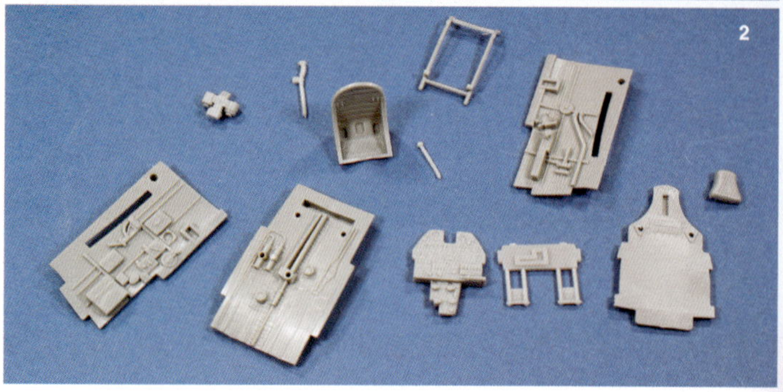

CURTISS P-40E
HASEGAWA
SUPERDETAILLAGE D'UNE MAQUETTE

Montage au 1/48
par Emmanuel Pernes

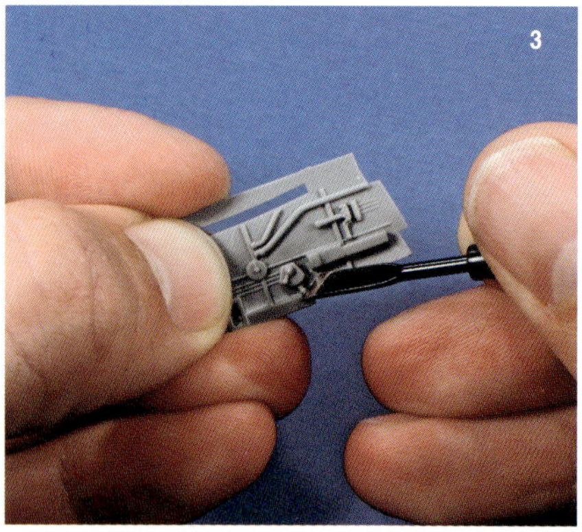

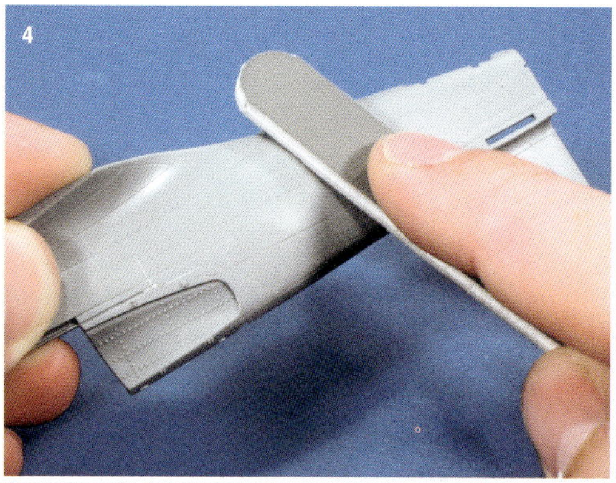

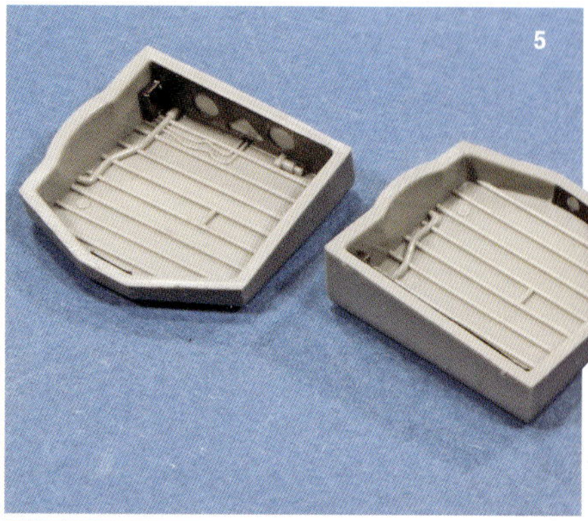

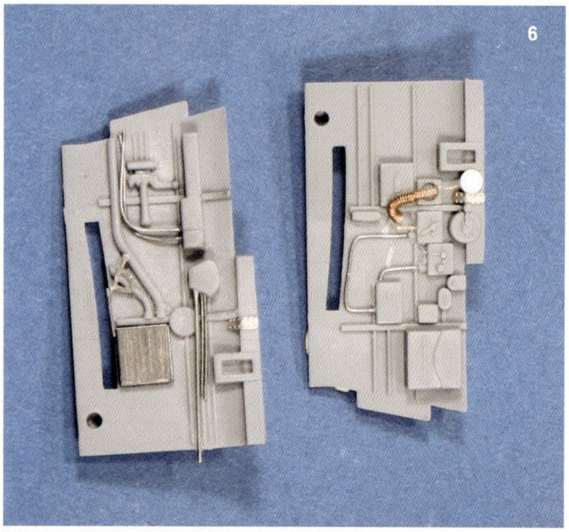

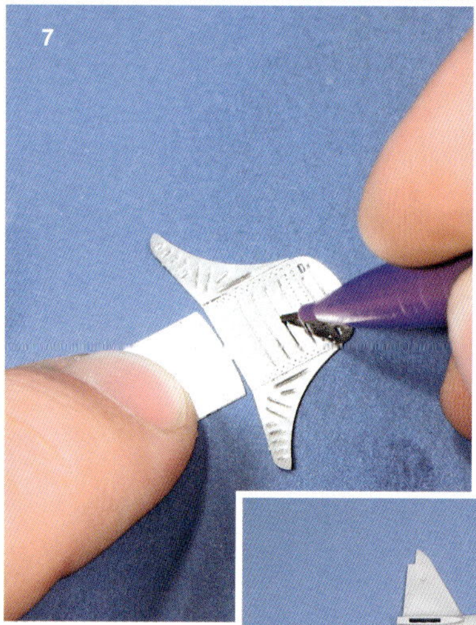

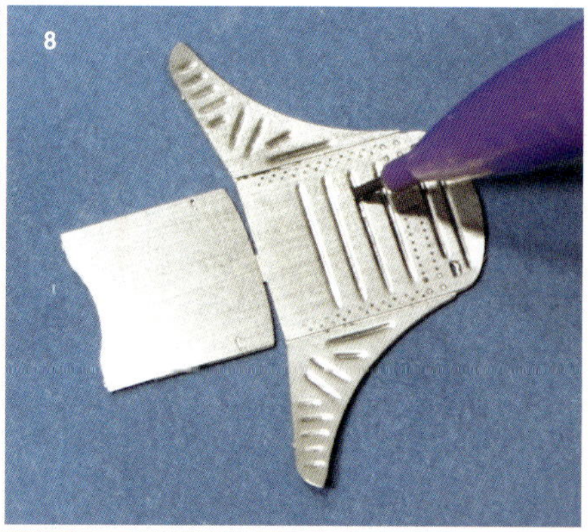

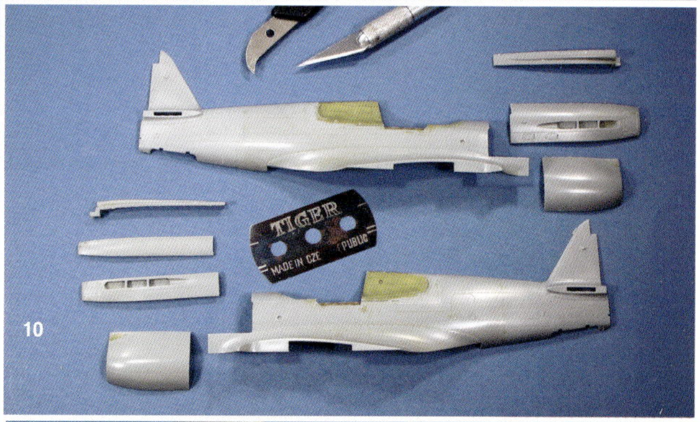

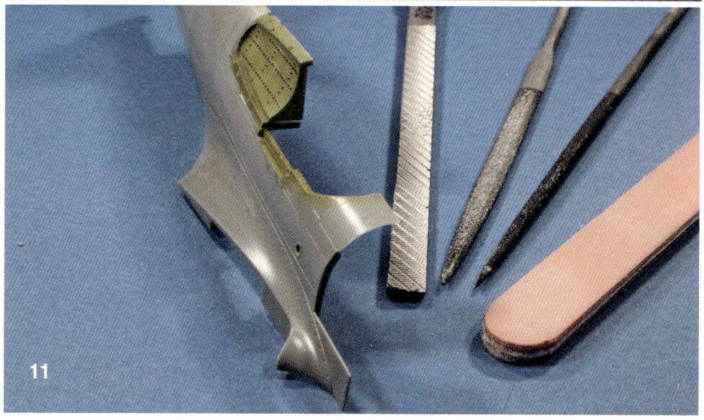

9. Pour pouvoir montrer le moteur, il faut découper le capot. Comme ces pièces n'existent pas dans le commerce, il faut faire très attention à réaliser une découpe soignée pour pouvoir les réutiliser plus tard.

10. Le découpage commence avec une lame X-Acto ou une pointe à graver, et est finalisé avec une scie en photodécoupe «Tiger».

11. Les bords sont affinés pour respecter l'effet d'échelle.

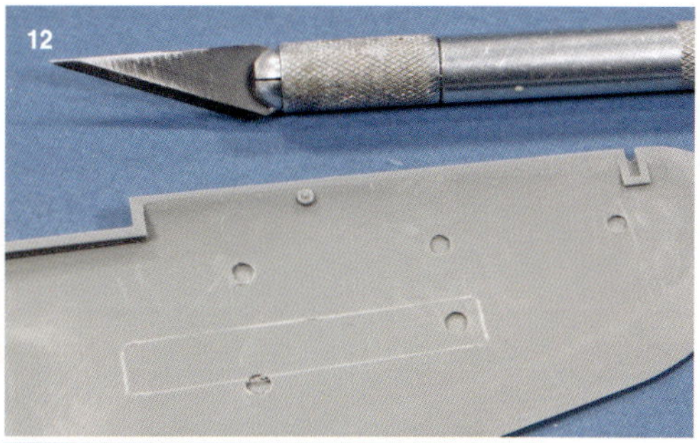

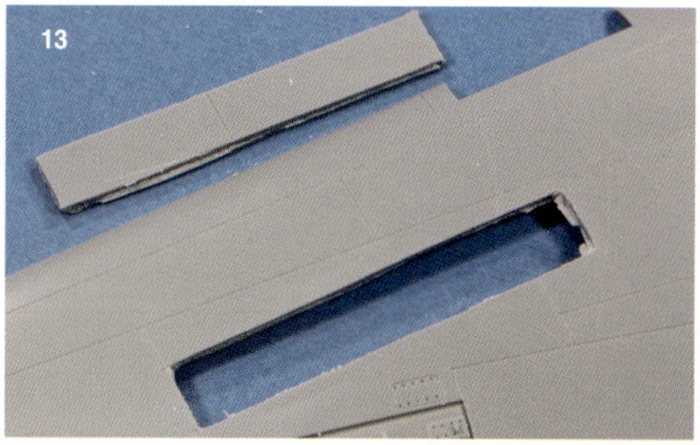

12 et 13. **La même technique de découpe est utilisée pour les panneaux d'armement. Quand le trait fait avec le dos de la lame X-Acto commence à apparaître au dos de la pièce, on peut commencer à retirer la partie à enlever.**

14. **On parfait la découpe à la lame X-Acto, puis avec des limes.**

15. **À l'envers de la pièce, on affine avec une lame courbe pour pouvoir insérer les pièces en résine.**

16. **La carotte sur laquelle la pièce en résine est moulée est découpée à l'aide d'une scie.**

17. **Les baies d'armement en résine de CMK sont très précises et s'insèrent sans problème. Des essais à blanc sont tout de même nécessaires pour s'en assurer!**

18. **Les lignes de rivets sont d'abord tracées sur les surfaces, en s'aidant d'un plan.**

19. **On suit ces lignes avec la roue dentée *Rosie the riveter*. L'outil est très maniable et ne nécessite pas de guide**

20. **Le résultat, qui permettra quelques effets de patine après la peinture générale.**

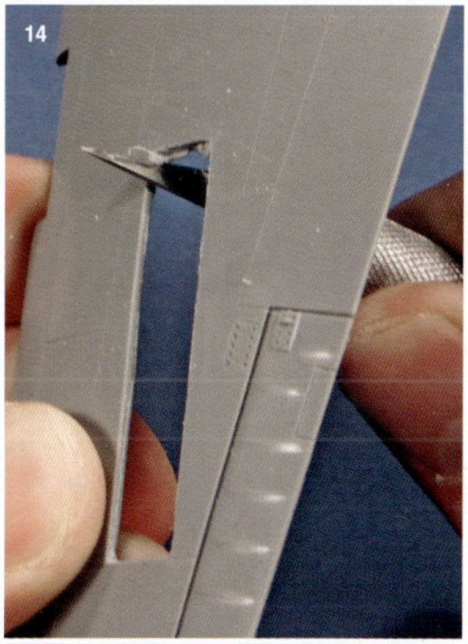

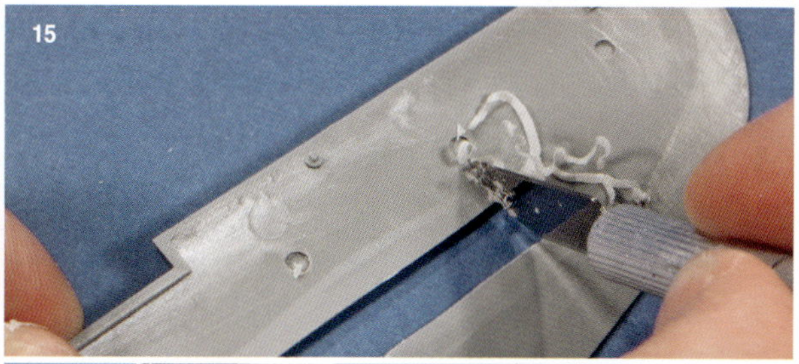

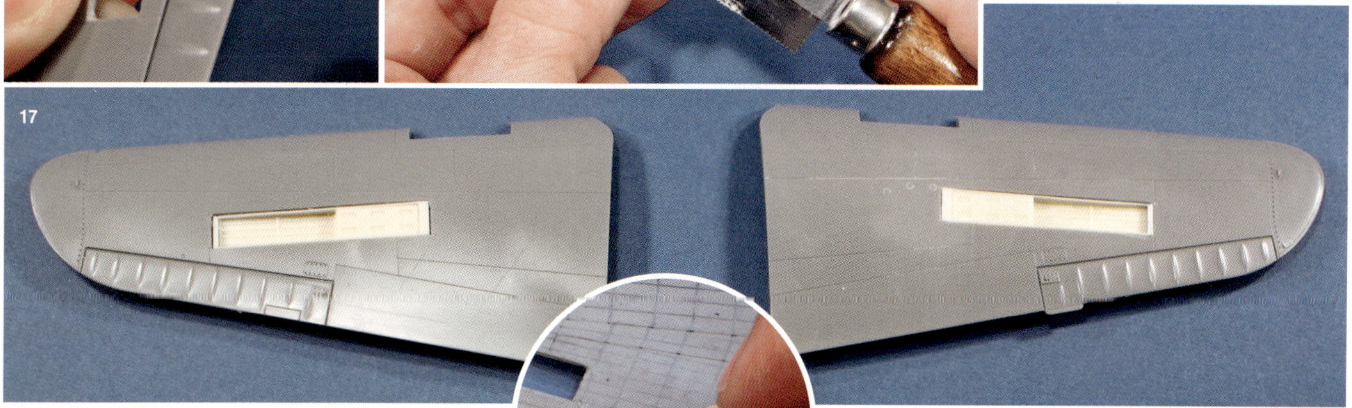

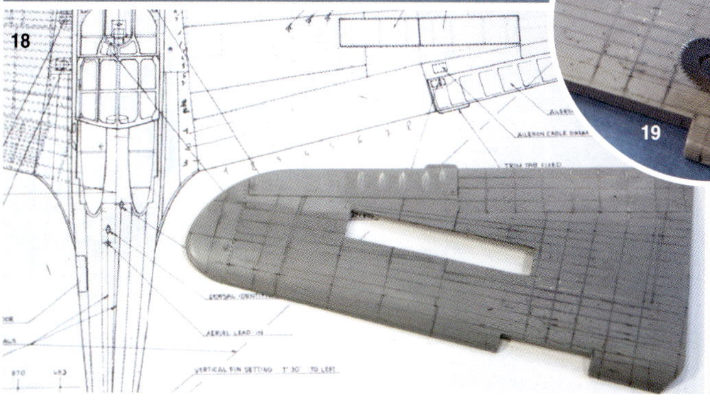

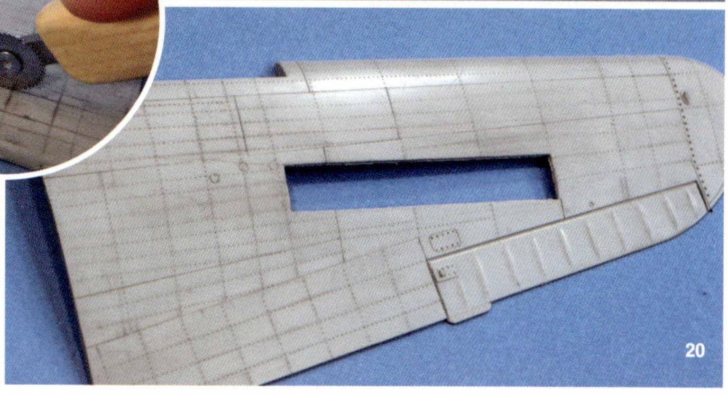

2. Le cockpit

Le cockpit fourni par Hasegawa est excellent. Le plancher est notamment superbe et on peut donc se contenter d'une bonne peinture pour qu'il soit crédible. Mais la photodécoupe prépeinte, pour certains éléments du moins comme le siège, le brêlage ou le tableau de bord peut apporter un plus indéniable.

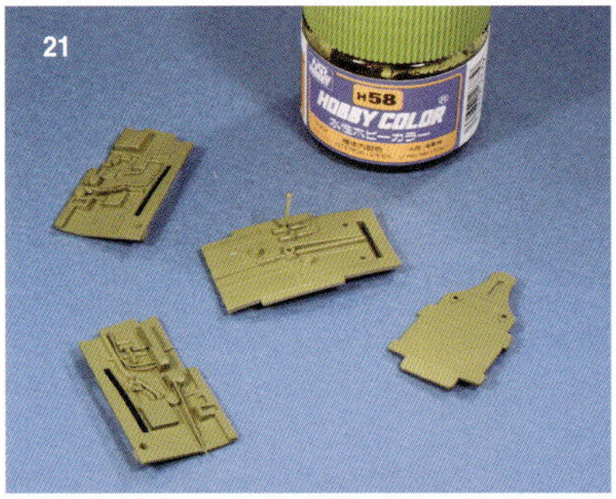

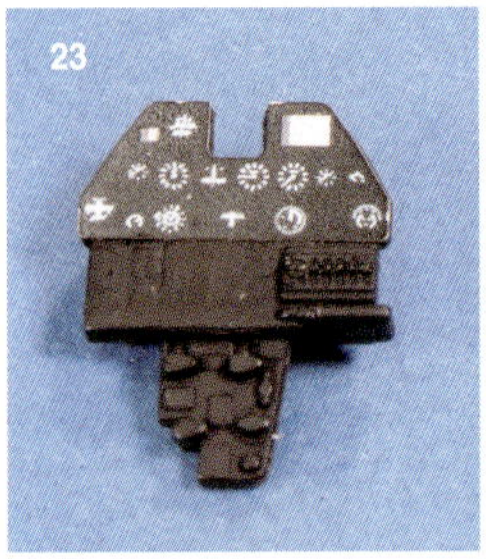

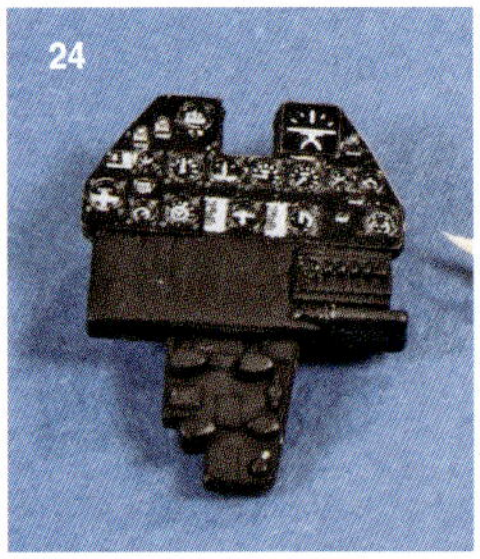

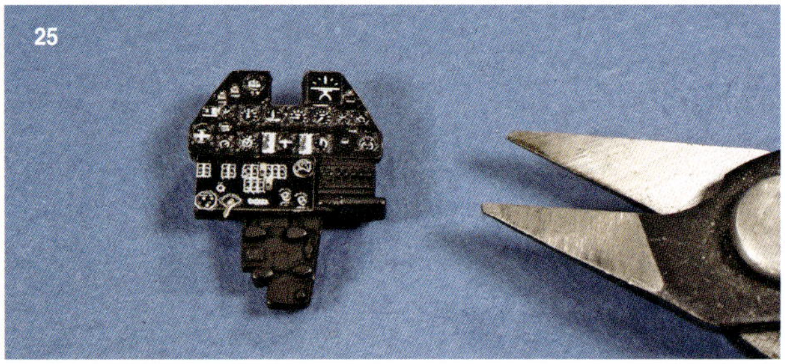

21. **L'habitacle est peint en *interior green* (*Gunze H 58*).**

22. **La teinte est retravaillée avec du vert jaune (*XF 4 Tamiya*), qui s'apparente au *yellow zinc chromate* dans réalité.**

23. **Le tableau de bord d'origine est arasé. On colle une première pièce en photodécoupe qui accueille les instruments.**

24. **Une deuxième pièce, avec les cadrans ajourés, est collée avec de la colle blanche, par-dessus.**

25. **Les pièces en photodécoupe sont découpées à l'aide d'une pince spéciale.**

26. **Les vitres des cadrans sont représentées avec du *Kristal Klear*, une sorte de vernis brillant.**

27. **La première étape de la patine consiste à représenter les éraillures à l'aide d'un tampon en mousse ou d'un pinceau et de la peinture vert foncé et alu.**

28. **Les détails sont repiqués avec des peintures Prince August.**

29. **Un jus à l'huile de terre d'ombre brûlée est diffusé pour renforcer les contrastes.**

30. **L'empoussièrement est simulé à l'aide de pigments de différentes marques. Ces derniers sont fixés avec du white-spirit diffusé après leur application.**

31, 32 et 33. **Le résultat final. Le siège en photodécoupe et les brêlages prépeints apportent beaucoup à cet habitacle.**

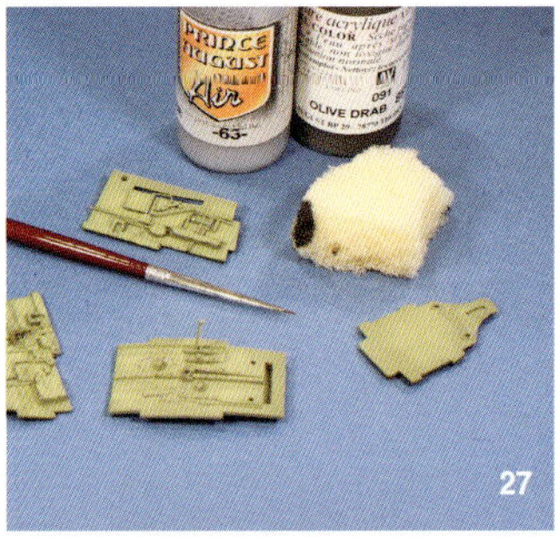

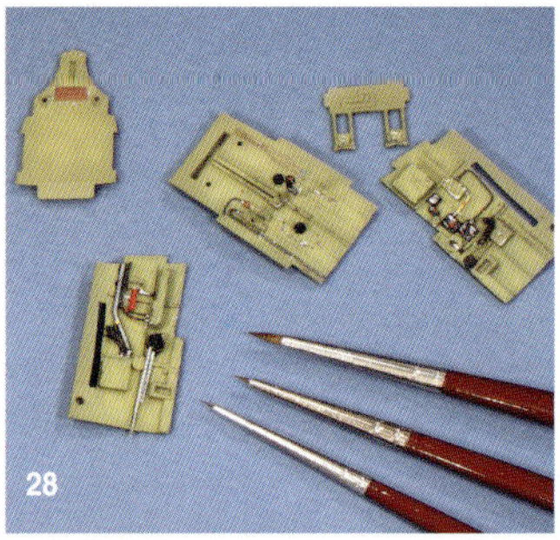

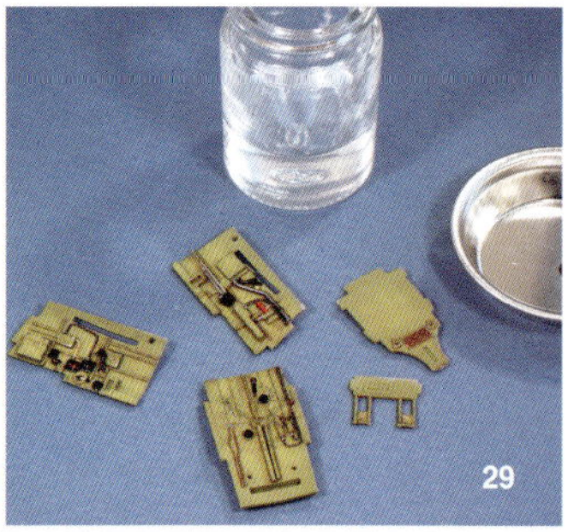

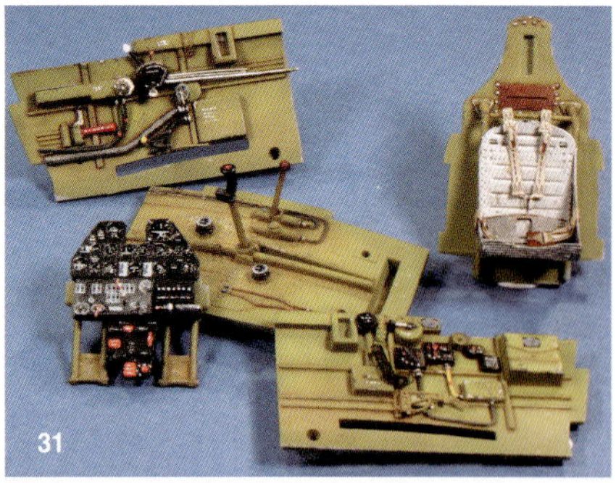

3. Le montage

Comme la plupart des maquettes de la marque, les assemblages sont plutôt bons, excepté au niveau du raccord Karman.

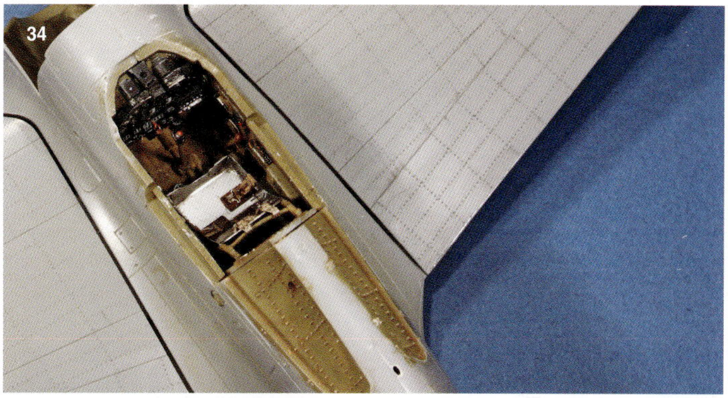

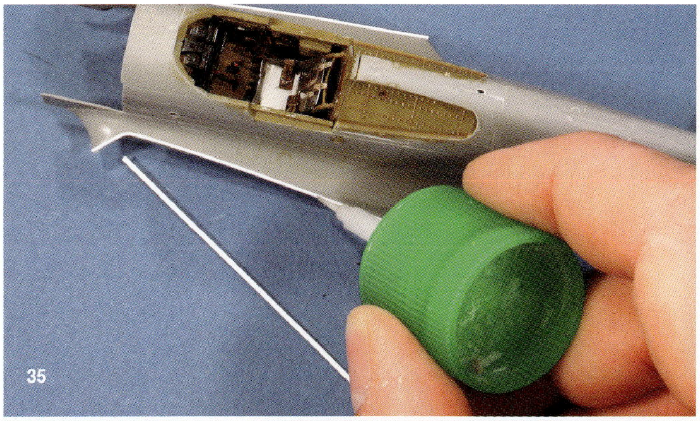

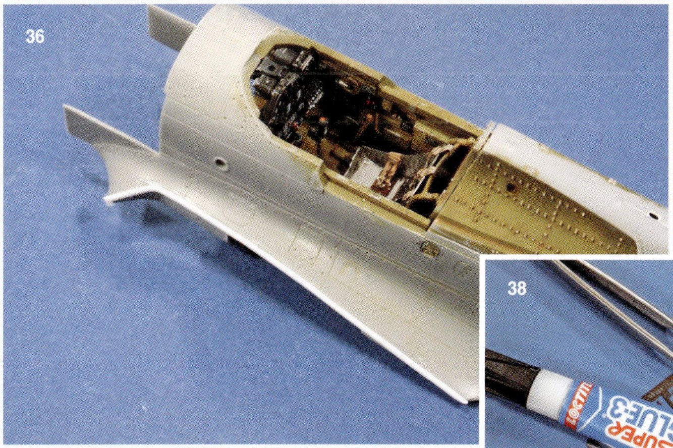

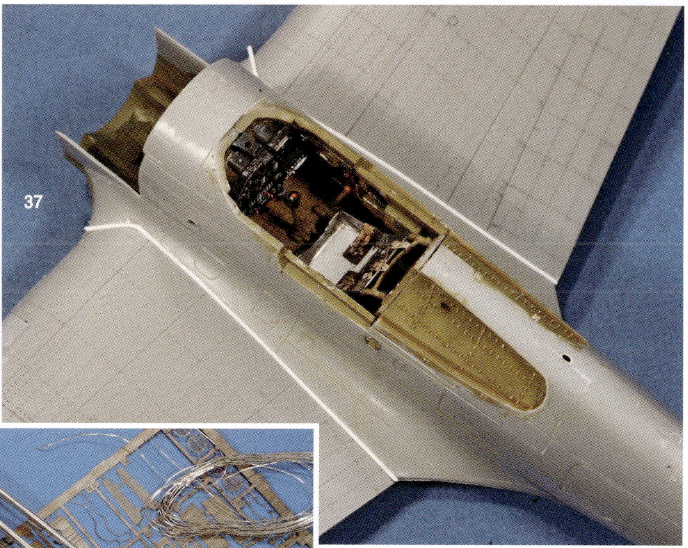

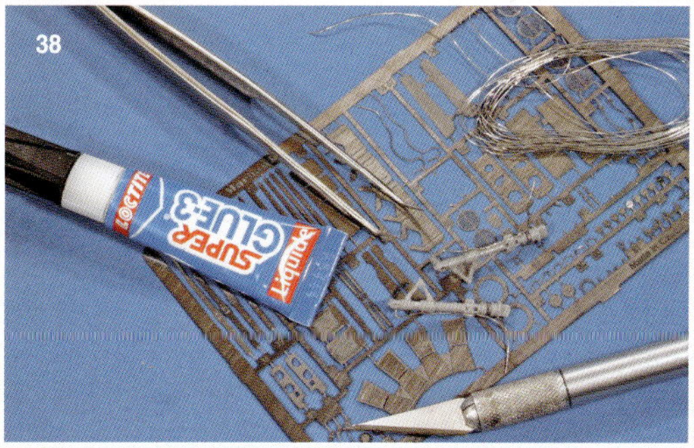

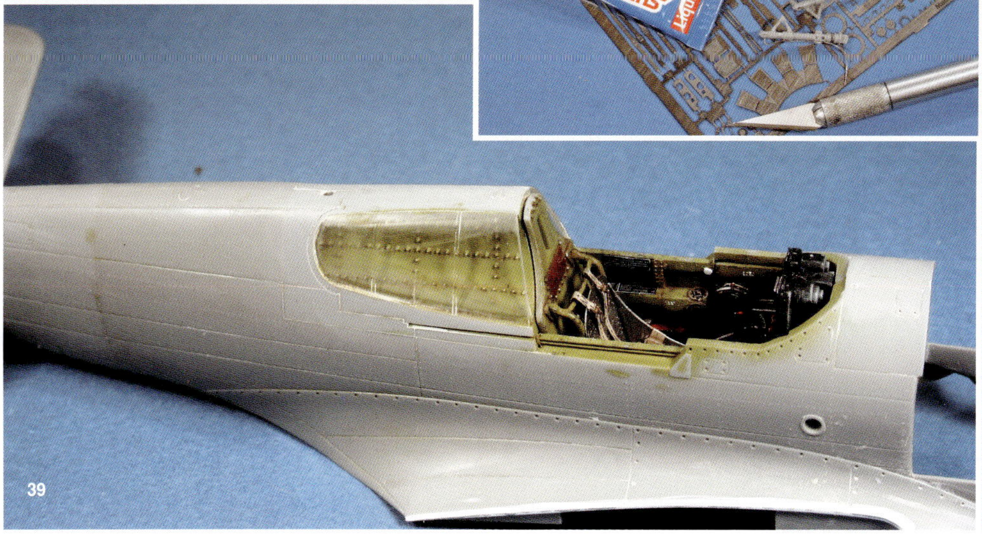

34. La voilure et la cellule s'assemblent sans difficulté, mais au moment de les coller, un espace très important apparaît au niveau du raccord Karman. Cet espace est peut-être accentué par la présence des inserts en résine.

35 et 36. Pour récupérer cet espace, une bandelette de carte plastique de la bonne largeur est collée le long du Karman, sur la cellule, à la colle liquide.

37. Cette opération permet de combler ce vide sans difficulté.

38. Les jambes de train sont détaillées à l'aide de la planche Eduard. Le flexible de frein est réalisé en fil d'étain et collé à la cyano. Ce produit est très malléable et permet des courbes souvent plus réalistes que le fil de cuivre.

39. Les vitres latérales dépassent de leur logement alors que dans la réalité elles étaient noyées dans le fuselage. Elles sont donc poncées avec du papier de verre à l'eau assez fin (1 000).

40. **Les joints restants sont mastiqués et poncés avec le même matériel.**

41. **Pour leur rendre leur transparence initiale, il faut les poncer avec des papiers de verre de grains progressifs (de 1 000 à 2 000). Les vitrages sont ensuite polis avec les toiles émeri Micromesh du grain 3 600 au grain 12 000. En dernier lieu, on utilise du *Compound* de Tamiya (une pâte à polir).**

42 et 43. **Les vitres ont retrouvé leur transparence et sont parfaitement intégrées au fuselage.**

40

41

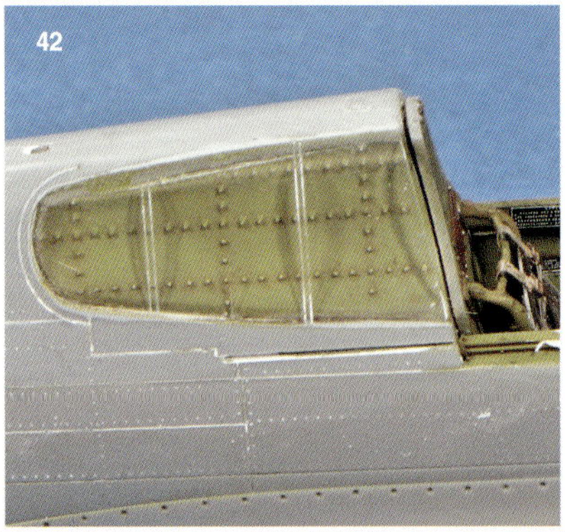
42

43

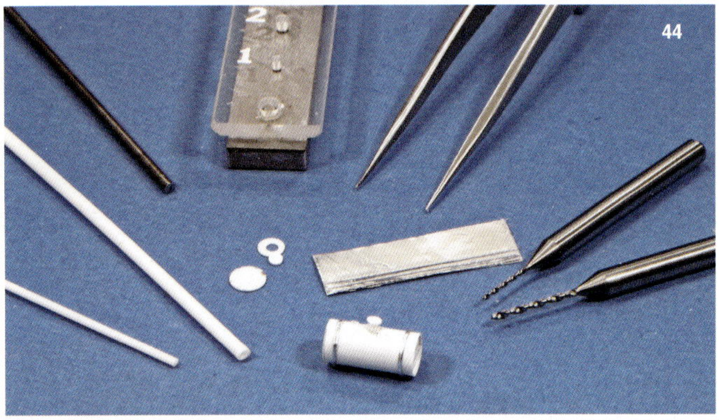
44

45

44. **Avant la peinture, on prépare les différents éléments de la cloison pare-feu à créer, notamment le réservoir d'huile.**

45. **La cloison pare-feu est un morceau de carte plastique mis en forme. Les emplacements des divers renforts et plaques sont dessinés au feutre. Les éléments rapportés sont mis en place provisoirement pour prévoir l'encombrement.**

46 et 47. **Les renforts et plaques sont placés. Des trous sont percés à l'avance pour recevoir les bras de soutien du moteur et le câblage.**

46

47

4. La peinture et la patine

L'*olive drab* (vert olive) est la couleur de base de la plupart des avions américains de l'époque. C'est une teinte étonnante à travailler. En effet, selon les nuances de vieillissement utilisées, on peut obtenir des teintes très différentes, comme vous pourrez le voir avec le P-40N dans le chapitre suivant.

48. **L'appareil est prêt à être peint. Les parties vitrées sont masquées avec des bandelettes de ruban adhésif de masquage Tamiya et du masque liquide.**

49. **Les baies d'armement et le compartiment moteur sont peints avec les bonnes teintes, puis masqués.**

50. **Les puits de trains sont masqués avec du papier essuie-tout humidifié. Le logement des mitrailleuses est masqué avec de la bande cache Tamiya découpée à la bonne taille.**

51. **Une sous-couche aluminium est appliquée sur les zones de marche. De petites touches de masque liquide sont appliquées avant peinture et permettront des effets de patine intéressants.**

52. **L'intrados de l'appareil est intégralement gris moyen (*Neutral Gray/Gunze H 53*).**

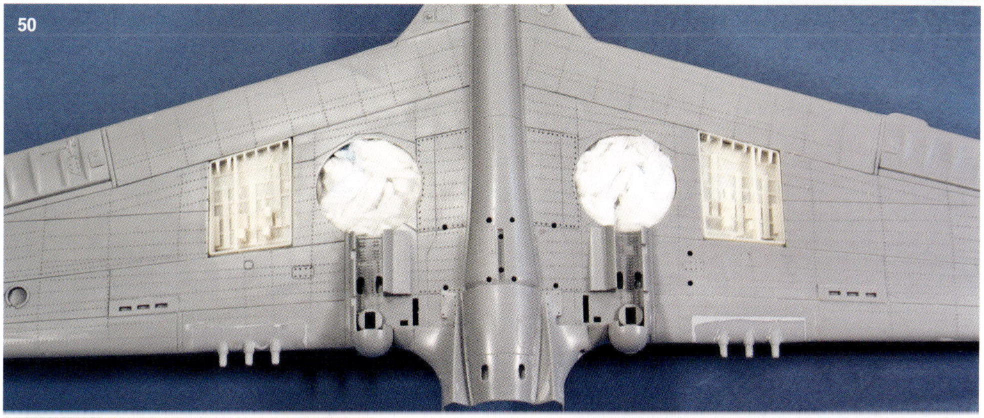

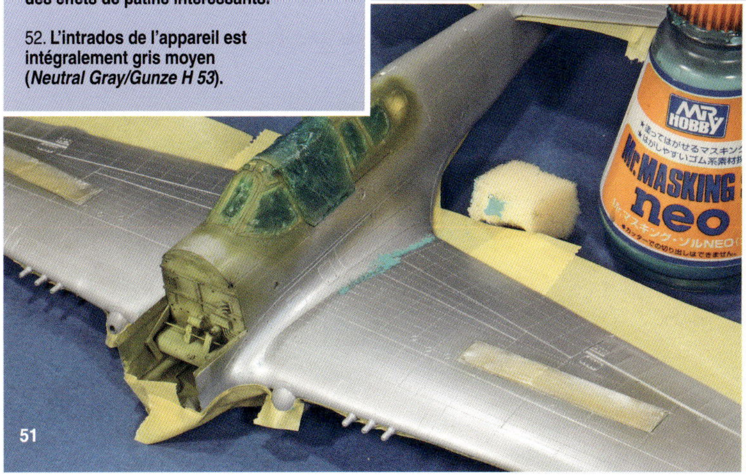

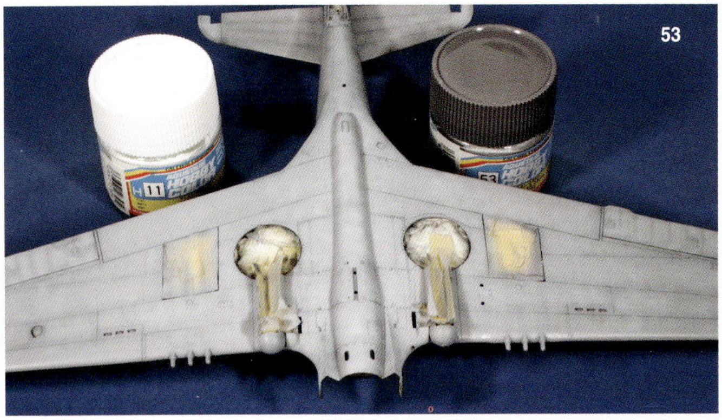
53

54

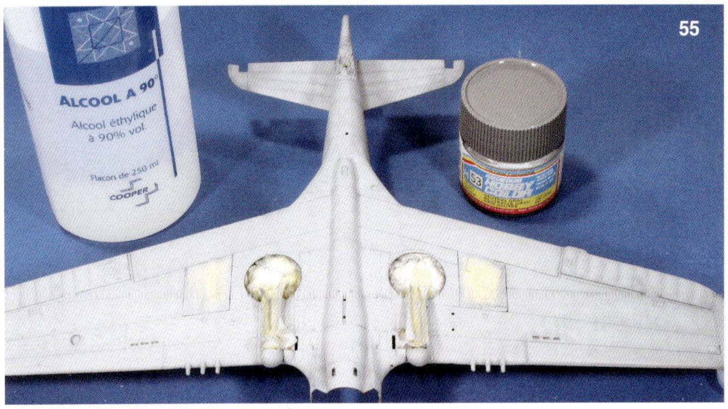

55

53. La teinte de base est d'abord éclaircie avec du blanc. Il faut essayer de varier les effets (intérieur des panneaux, lignes de structure, traînées dans le sens du vent relatif, etc.).

54. On procède de la même manière avec un mélange foncé, en tâchant d'éviter tout effet systématique.

55. On estompe avec la teinte pure extrêmement diluée (à 95%).

56. Après masquage des parties inférieures, l'extrados est peint en *olive drab* (*Gunze H 52*).

57. Le travail de peinture est le même que pour l'intrados. L'olive drab est retravaillé à l'aide de jaune (*Gunze H 34*) et de vert noir (*Gunze H 65*).

58. Des retouches de peinture (fréquentes sur ces théâtres d'opération) sont simulées avec un *olive drab* plus foncé (*Gunze H 78*).

56

57

58

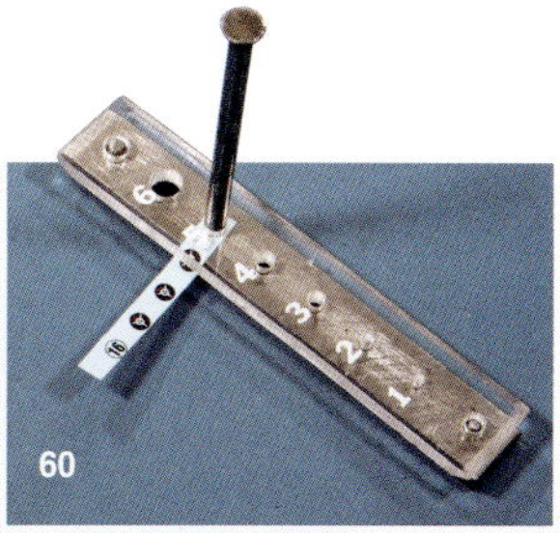

59. Après une couche de vernis brillant, les décals sont posés à l'aide des produits assouplissants de la gamme *Microscale*. La décoration provient de la boîte Hasegawa.

60. Les logos de l'hélice sont découpés à l'emporte-pièce.

61. Une deuxième couche de vernis brillant scelle les décals. Le vernis mat *X-Ttracrylix* donne un air plus opérationnel à la maquette.

62. Une première patine est réalisée à l'aérographe à l'intrados suivant les mêmes techniques que celles exposées dans l'article sur le P-40B.

63. La trace d'échappement est réalisée avec une couleur crème (*Gunze H 318*) surlignée de brun. Des striures verticales sont faites au pinceau fin avec de l'encre acrylique sépia et du vernis mat, tous deux très dilués.

64. Les trains sont mis en place à ce stade. La cellule est terminée, le détaillage du moteur peut donc commencer.

65. Les pièces en photodécoupe Eduard consacrées aux trains et trappes de trains apportent beaucoup de réalisme.

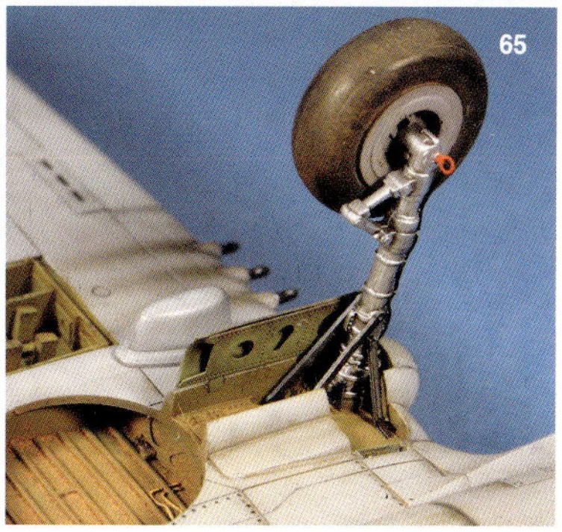

5. Le moteur

Il n'existe pas dans le commerce de boîtes de superdétaillage du P-40, seul le moteur est fourni par Aires (ou CMK). Tout le reste est à votre charge (cloison pare-feu et tous les éléments y afférant, bras de soutien du moteur, filtres, plaques de capot moteur, etc.).

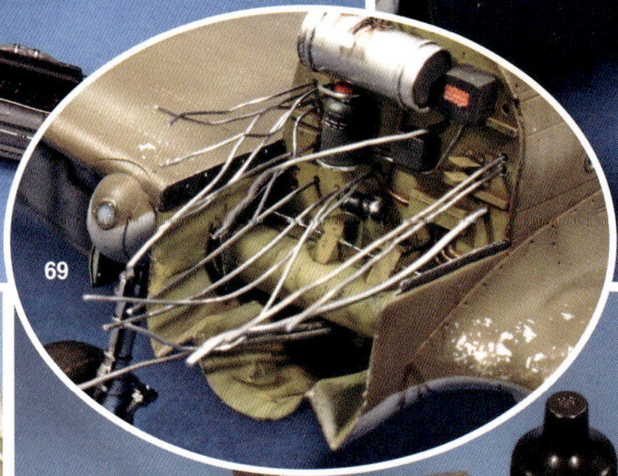

66 et 67. **Les pièces réalisées en scratch, maintenant peintes, sont collées sur la cloison pare-feu.**

68 et 69. **Tout le câblage (en fil d'étain de différents diamètres) est collé à la cyano dans les trous préalablement percés à cet usage.**

70 et 71. **Tous les fils sont peints en noir ou en "noir pneu". De petites touches de cuivre ou d'aluminium simulent les différentes connexions, en trompe-l'oeil.**

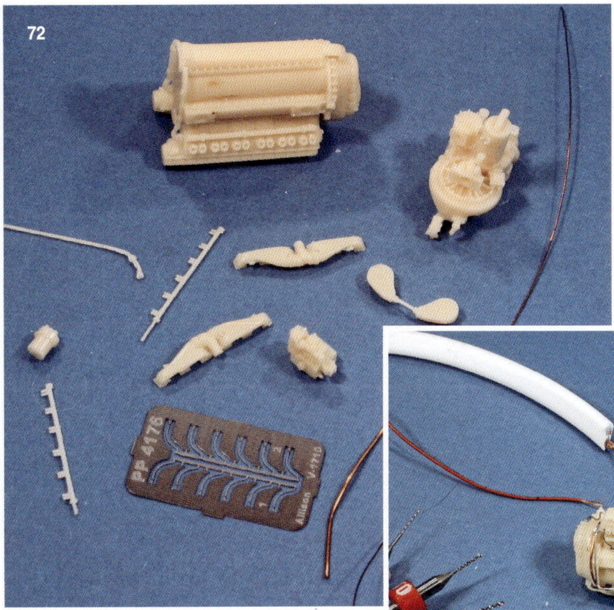

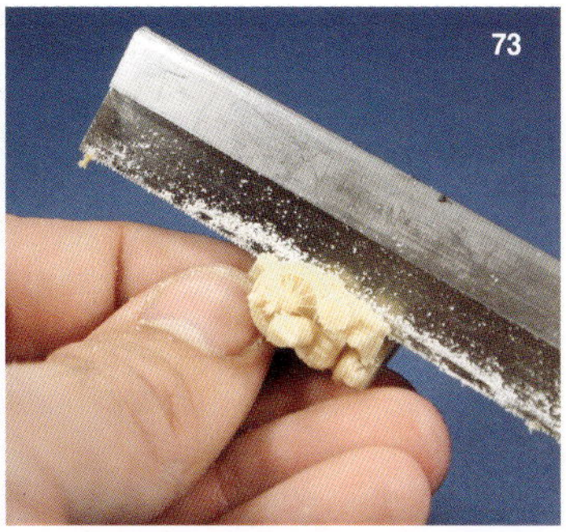

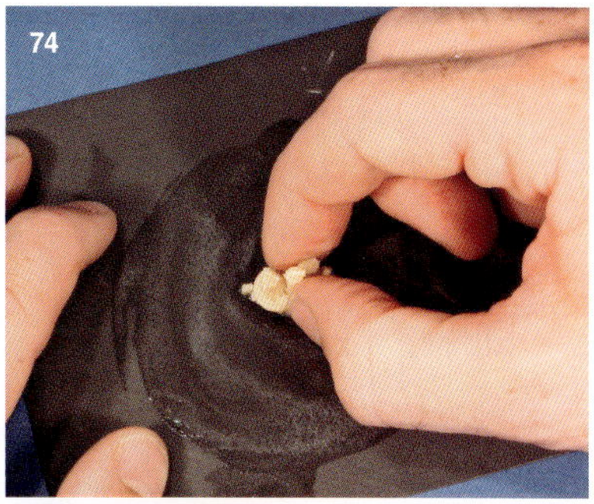

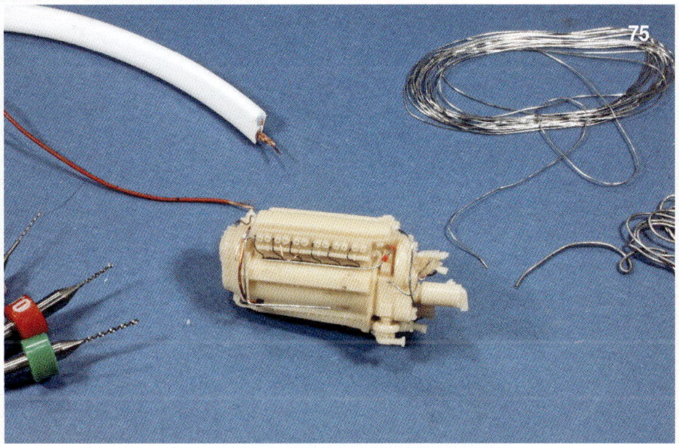

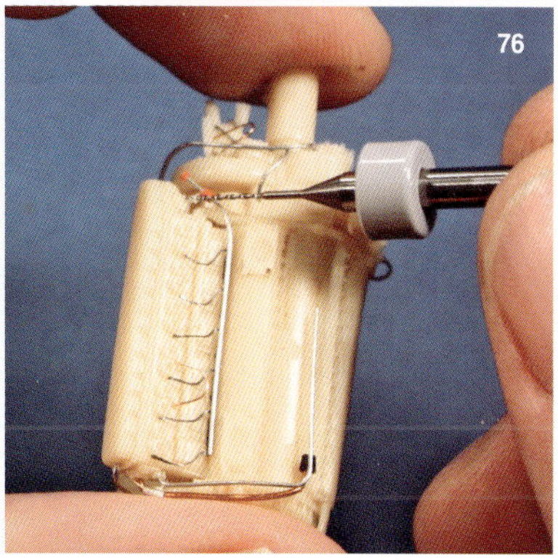

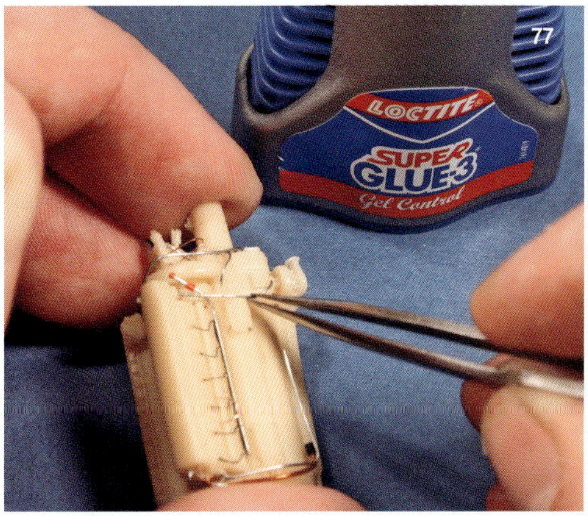

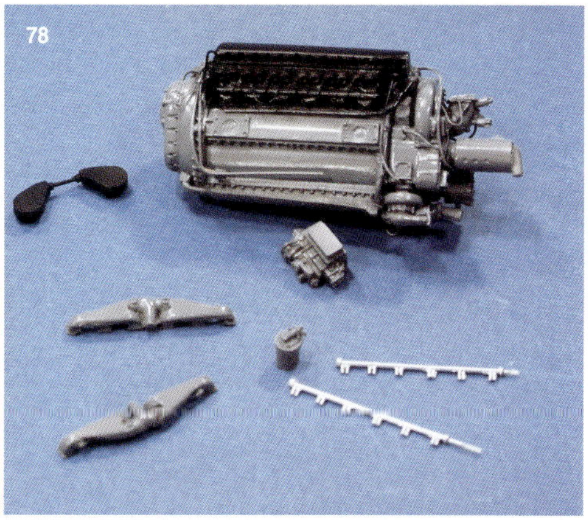

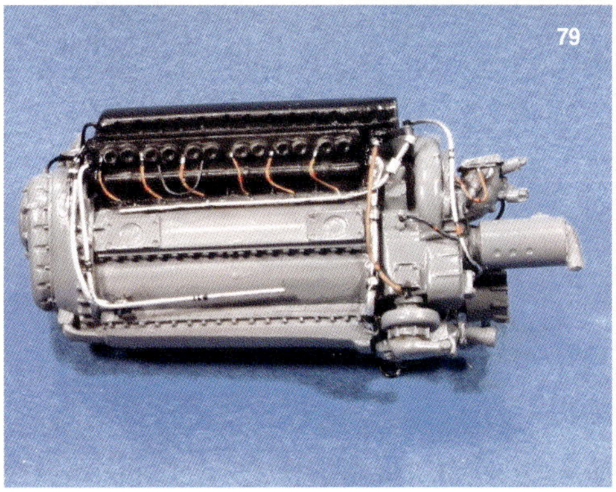

72. **Le moteur Allison V-1710-39 réalisé par Aires est superbe. Malheureusement, contrairement à d'autres sets de la marque, le bâti moteur, les plaques de capot, filtres et autres éléments ne sont pas prévus.**

73 et 74. **Les gros éléments sont découpés avec une scie. L'excédent est enlevé par ponçage. Les poussières étant nocives, il est conseillé d'utiliser un masque à cartouche lors de ces manipulations. Le fait de poncer avec du papier à l'eau limite les émanations de poussières.**

75. **Le moteur est détaillé avec du fil de cuivre ou d'étain, selon les effets voulus.**

76. **Pour installer une durit, il est préférable de percer un petit trou à l'aide d'un foret du même diamètre que le fil choisi.**

77. **On met un point de colle cyano dans le trou et on peut installer le fil métallique. Le collage sera solide et précis.**

78. **Le corps de l'Allison était *engine grey*, ici du *neutral grey* avec un peu de noir. La teinte est diffusée avec le diluant de la même marque, pour conserver un aspect satiné.**

79. **Les détails sont repiqués avec les teintes Prince August, et notamment les teintes métalliques Prince August Air, d'excellente tenue au pinceau.**

80. **Un lavis sépia dilué au white-spirit est appliqué sur le moteur.**

81. **Le bâti moteur a été simplifié pour pouvoir soutenir le poids du moteur en résine. Des tiges métalliques sont utilisées pour éviter les torsions.**

82. **Les bras du moteur sont peints en *interior green*.**

83. **Les échappements du kit sont percés. Leur réceptacle sur le moteur est thermoformé sur un gabarit réalisé en carte plastique épaisse.**

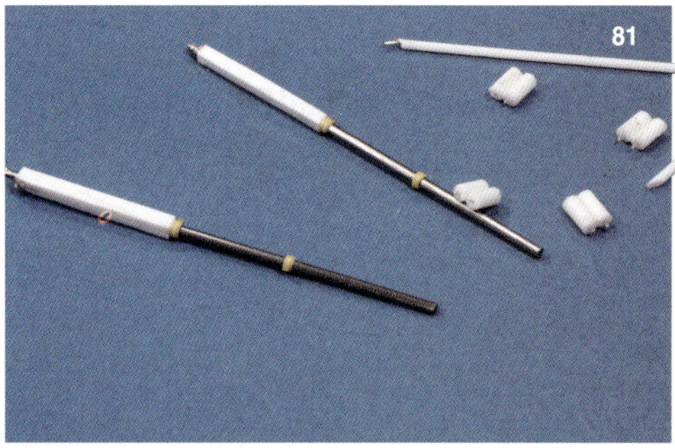

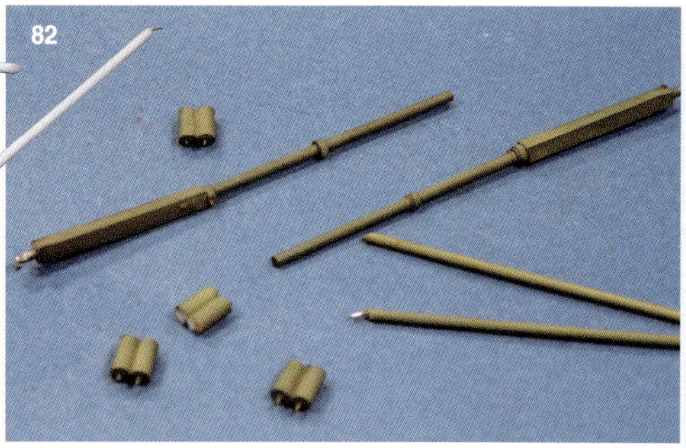

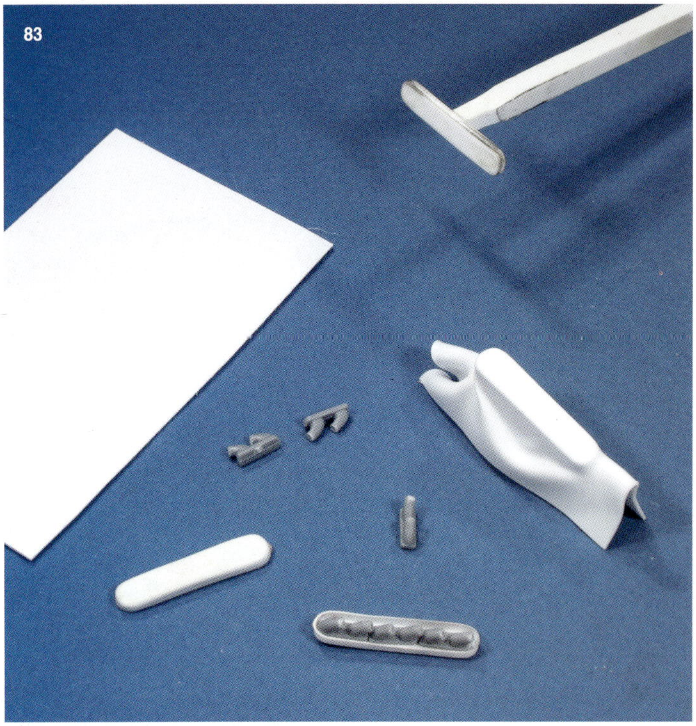

84. **Les filtres sont réalisés à l'aide de tubes et de la pièce du kit Hasegawa. Les grilles proviennent de la planche Eduard.**

85. **Les filtres assemblés. Une pièce en feuille d'aluminium forme la partie arrière.**

86. **La mise en peinture de ces éléments se fait à part. Les échappements sont peints en marron et frottés avec des pigments de couleur rouille de différentes marques.**

87. **Les filtres sont raccordés au bâti moteur par de petits morceaux de carte plastique. Les plaques de fixation sont simulées grâce à des chutes de photodécoupe.**

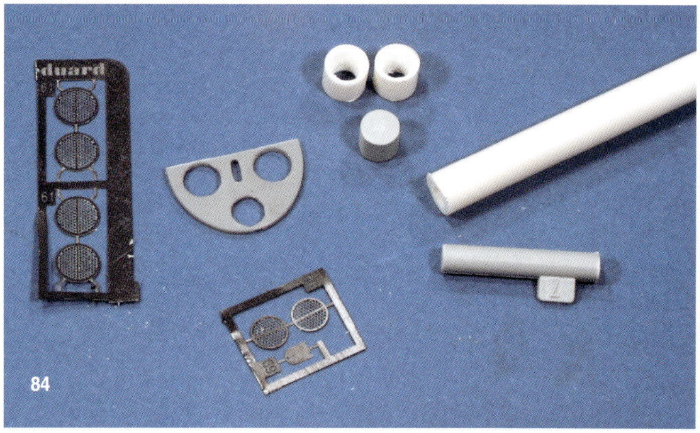

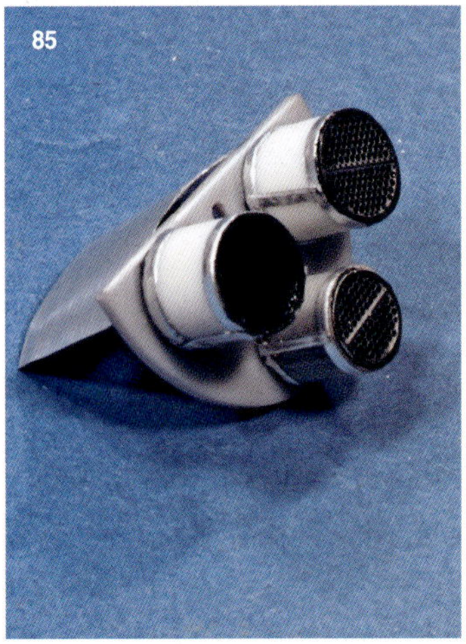

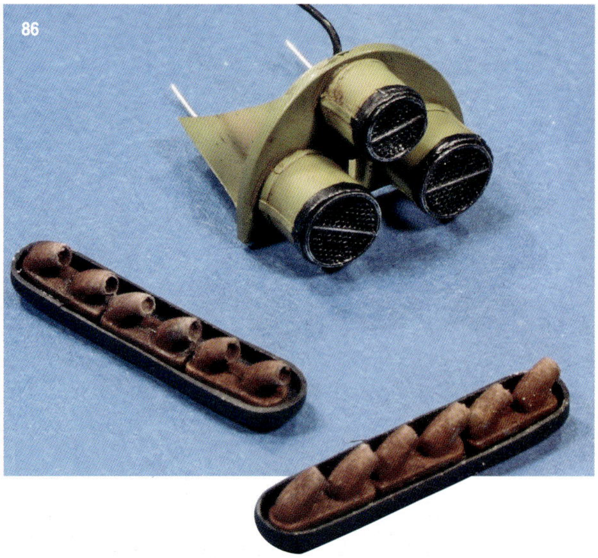

"BOB'S ROB

"BOB'S ROBIN"
94

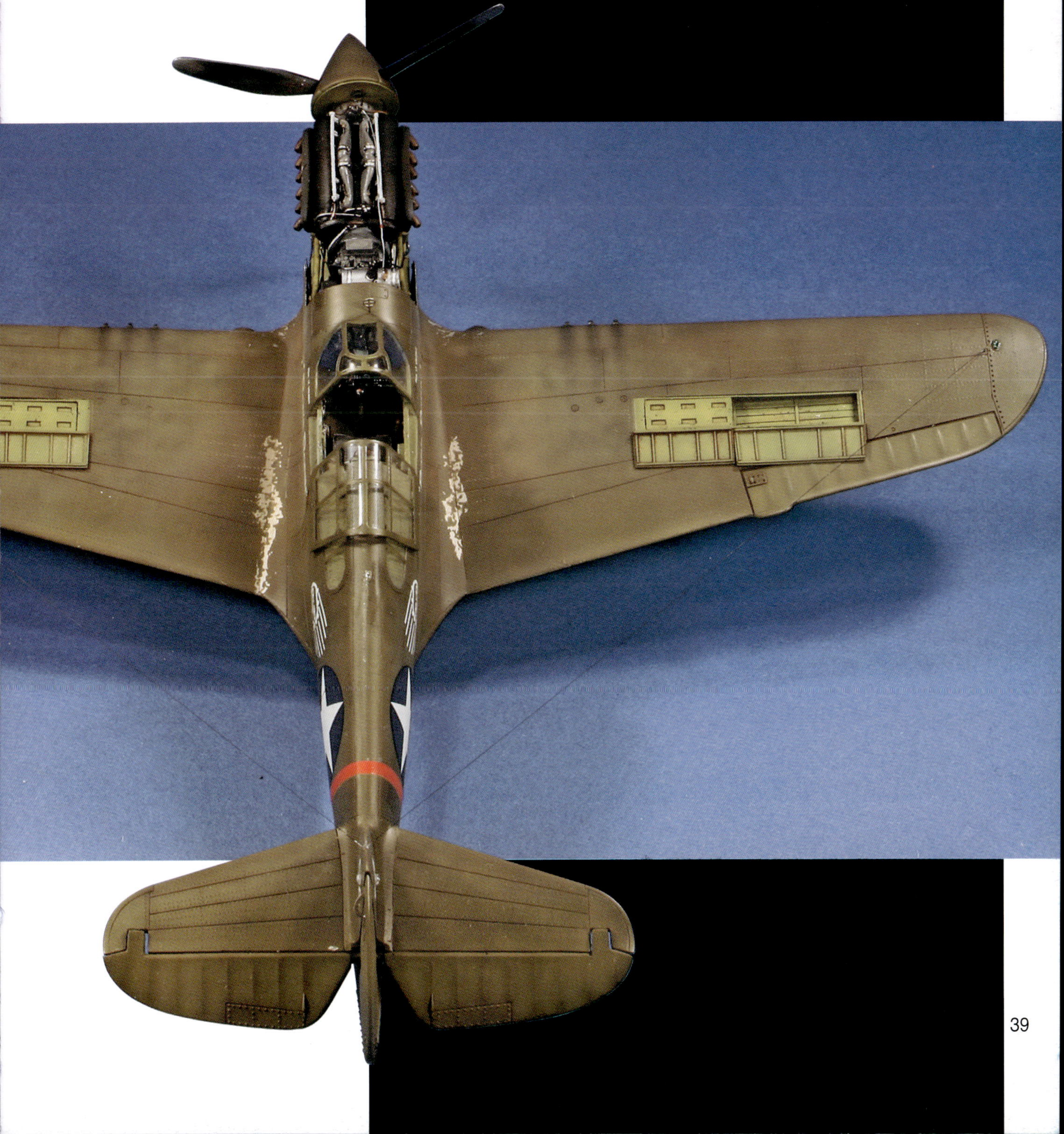

94
"Bob's Robin"

94
"BOB'S ROBIN"

CURTISS P-40B

Curtiss P-40B (Hawk 81A-2) du 3rd Pursuit Squadron de l'American Volunteer Group (AVG). Birmanie, 1941. Cet appareil, destiné à l'origine à la Grande Bretagne et arborant le camouflage en vigueur à l'époque au sein de la RAF (surfaces supérieures vert foncé et marron — dark green/dark earth — intrados gris verdâtre — sky), semble avoir été le seul à voler avec des cocardes britanniques sur l'extrados.

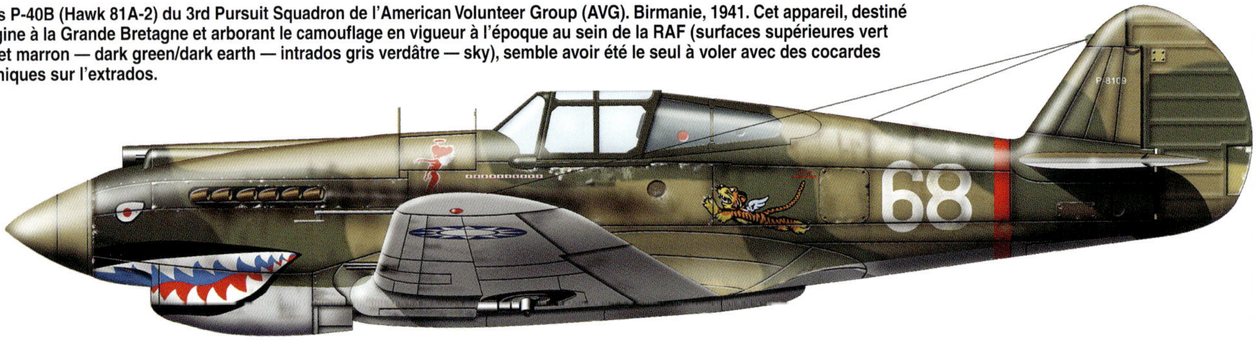

Curtiss P-40B (Hawk 81A-2) du 3rd Pursuit Squadron de l'American Volunteer Group (AVG). Cet appareil était la monture personnelle de Charles « Chuck » Older, ancien pilote de l'USMC qui devint le deuxième as des « Tigres Volants » (Flying Tigers) le jour de Noël 1941 et obtint au total dix succès au sein de l'AVG.

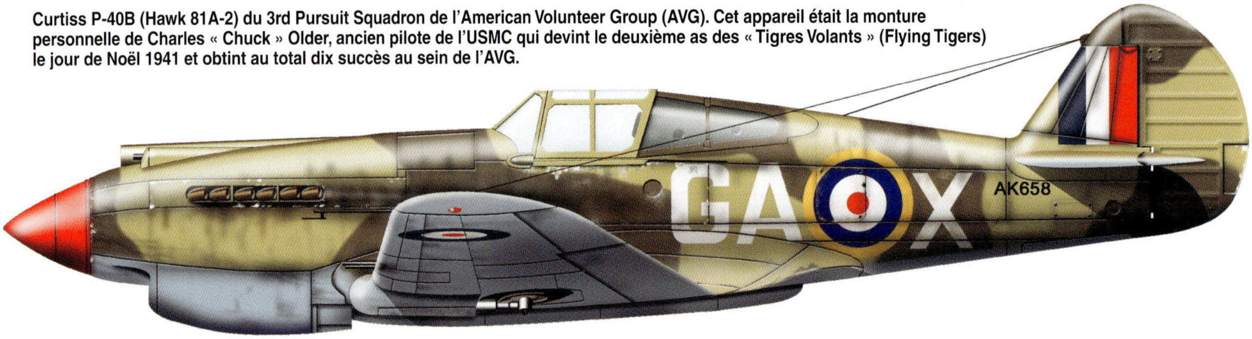

Curtiss Tomahawk Mk I (P-40B) du No. 112 Squadron de la RAF. Égypte, 1941. Piloté par le célèbre as australien Clive R. « Killer » Caldwell, qui termina sa carrière dans le Pacifique avec à son actif trente victoires confirmées, cet appareil porte le classique camouflage « désert » britannique avec des taches arrondies et à bords francs sable (middle stone) et marron (dark earth) sur les surfaces supérieures et un intrados bleu pâle (azure blue).

Curtiss P-40B (Hawk 81-A2) du 3rd Pursuit Squadron de l'American Volunteer Group (AVG). Chine, 1942. Cet avion était piloté par Robert Tharp Smith qui fut nommé à la tête du 3rd PS (« Hell's Angels ») en 1942. Smith obtint au sein des « Tigres Volants » 8,75 victoires et fut pour ses succès décoré par deux fois par le gouvernement chinois. L'AVG fut dissous le 4 juillet 1942 et intégré dans l'USAAF.

CURTISS P-40E

Curtiss P-40E du 9th Fighter Squadron (« The Flying Knights ») du 49th Fighter Group de la 5th Air Force. Australie, 1942. Pilote : Lieutenant Andrew J. Reynolds. Il existe toujours un doute quant aux teintes exactes de cet appareil qui provenait d'un lot destiné à la RAF : surfaces supérieures Dark Earth et Dark Green ou alors Medium Green 42 et Sand et dessous soit en Light Blue britannique, soit en Azure Blue.

Curtiss P-40E du 7th Fighter Squadron du 49th Fighter Group de la 5th Air Force. Australie, 1942. Pilote : Captain W. J. Hennon. Camouflage : des surfaces supérieures olive drab 41 et dessous Neutral Grey.

Curtiss P-40E du 9th Fighter Squadron du 49th Fighter Group de la 5th Air Force. Australie, 1942. Camouflage « désert » d'origine britannique sable (middle stone) et marron (dark earth) au-dessus, surfaces inférieures bleu pâle (azure blue).

Curtiss Kittyhawk I (P-40E) du 29. GvIAP. Plekhanovo (Leningrad), automne 1942. Le pilote de cet avion, le lieutenant-colonel Alexander Matveyev, obtint six victoires confirmées en solo (étoiles jaunes au-dessus du numéro individuel) et huit en association (étoiles rouges) et termina la guerre comme commandant de ce régiment de chasse de la Garde. Fourni par les Britanniques, cet avion a conservé son camouflage anglais d'origine (surfaces supérieures marron et vert foncé et intrados sky).

CURTISS P-40F

Curtiss P-40F du 79th Fighter Group. Tunisie, 1943. Cet avion, qui porte un camouflage « désert » d'origine anglaise (sable, marron et bleu pâle) était celui du commandant du groupe, le colonel Earl E. Bates, et porte l'insigne de l'unité, le faucon du dieu égyptien Horus, à l'avant du fuselage.

Curtiss P-40F du 325th Fighter group de la 12th Air Force. Tunisie, 1943. « Stud », l'avion personnel du « patron » du Checkertail Clan était peint de façon tout à fait inhabituelle, entièrement noir avec des parements rouges et bien entendu l'empennage à damiers jaunes et noirs inspiré de la livrée des Fokker de l'as allemand de la Grande Guerre Werner Voss !

Curtiss P-40F-10-CU du 69th Fighter Squadron du 57th Fighter Group (« The black scorpions ») de la 9th Air Force. Tunisie, 1943. La cocarde liserée de rouge fut brièvement utilisée par les avions américains pendant l'été 1943.

Curtiss P-40F du Groupe de Chasse 2/5 « La Fayette ». Algérie, 1943. Pilote : sergent Jean Gisclon. En souvenir de l'« Escadrille La Fayette », composée de volontaires américains qui combattit aux côtés des Français pendant la Grande Guerre, ce groupe de l'Armée de l'Air reconstituée en Afrique du Nord fut le premier à être doté de chasseurs américains. Ces avions étaient camouflés aux couleurs britanniques et arboraient les marques de leurs nouveaux propriétaires, et notamment les deux insignes d'unité, la cigogne en vol de la SPA 167 et la tête d'Indien de la N 123.

CURTISS P-40N

Curtiss P-40N du 7th Fighter Squadron (« Screamin' Demons ») du 49th Fighter Group de la 5th Air Force. Nouvelle Guinée, 1943. Pilote : Captain Nathaniel H. Blanton. L'empennage peint en blanc est l'une des marques distinctives des appareils alliés utilisés en Nouvelle Guinée et était destiné à éviter toute confusion avec les avions japonais.

Curtiss P-40N du 7th Fighter Squadron du 49th Fighter Group. Nouvelle Guinée, 1943. Pilote : Lieutenant Joel B. Paris (9 victoires confirmées). Cette unité, qui compta dans ses rangs l'as des as américains de la Seconde Guerre mondiale, Richard I. Bong, utilisa divers modèles de P-40 et les remplaça par des bimoteurs P-38 Lightning à partir de février 1944.

Curtiss P-40N du 7th Fighter Squadron du 49th Fighter Group de la 5th Air Force. Nouvelle Guinée, 1943. Pilote : 1st Lieutenant Jack A. Fenimore. Comme ses homologues, cet avion porte le camouflage standard de l'USAAF de l'époque, avec des surfaces supérieures peintes en vert olive (olive drab 41) et un dessous gris moyen (Neutral grey 43).

Curtiss Kittyhawk Mk IV (P-40N) du No. 80 Squadron de la Royal Australian Air Force (RAAF). Noemfoor (Indes néerlandaises), 1944. Le pilote de cet avion, le Squadron leader John Waddy commença sa carrière en Afrique du Nord, ce qui explique son tableau de chasse (peint sous le pare-brise) particulier, composé de victoires obtenues sur des appareils allemands ou italiens. Le camouflage des P-40N australiens (désignés A29 au sein de la RAAF) était composé de vert foncé (foliage green) sur les surfaces supérieures, et de gris clair (sky grey) en dessous.

CURTISS P-40F
DE L'ARMEE DE L'AIR
CONVERSION

Curtiss P-40F
Montage par Olivier Soulleys

IL N'Y A PAS DE P-40F DISPONIBLE AU 1/48, à moins qu'Hasegawa ne continue sur sa lancée et nous prépare un F ou L, pourquoi pas… C'est pourtant, pour beaucoup, la version la plus esthétique du P-40, notamment grâce à son capot lisse. À partir d'une bonne documentation, et avec des outils performants, ce montage propose une conversion simple, sans accessoire.

Les éléments de récupération et les améliorations qui accompagneront peut-être notre P-40.

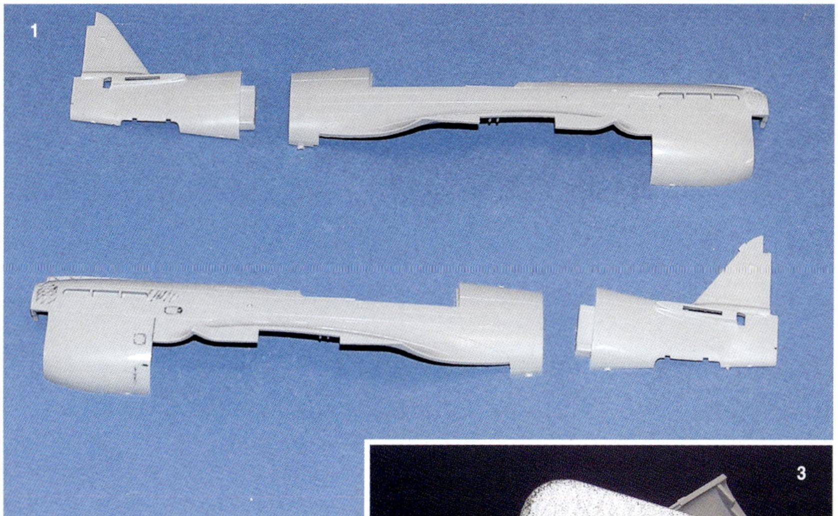

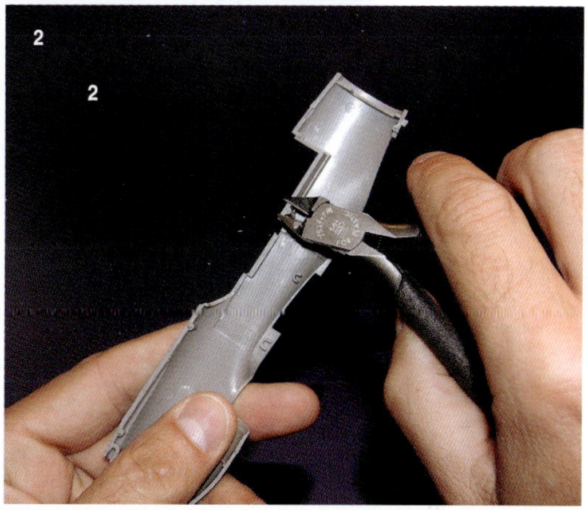

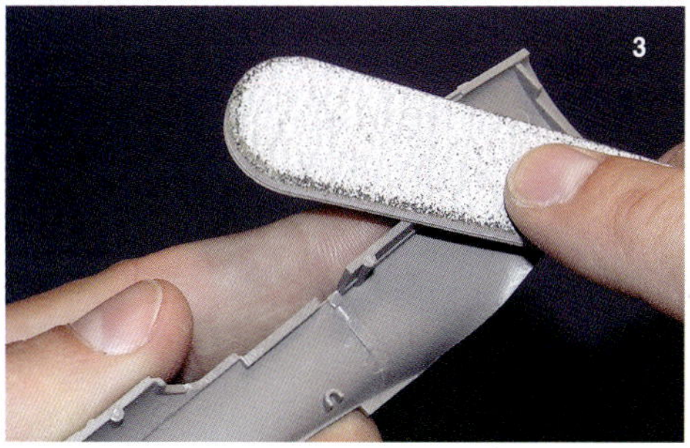

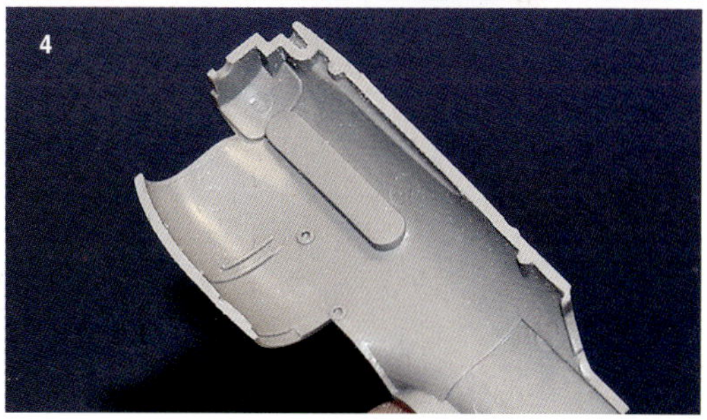

1. **Les deux moitiés de fuselage sont prêtes à être assemblées séparément.**

2. **Les pions de centrage sont retirés à la pince coupante.**

3 et 4. **Les surfaces sont aplanies à la lime rigide qui assure un ponçage plat.**

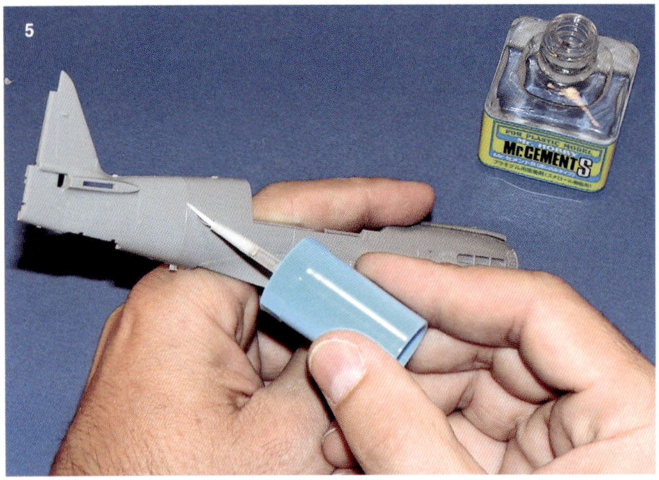

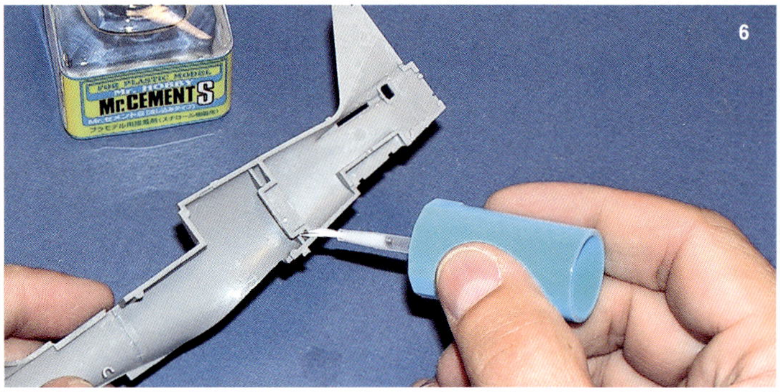

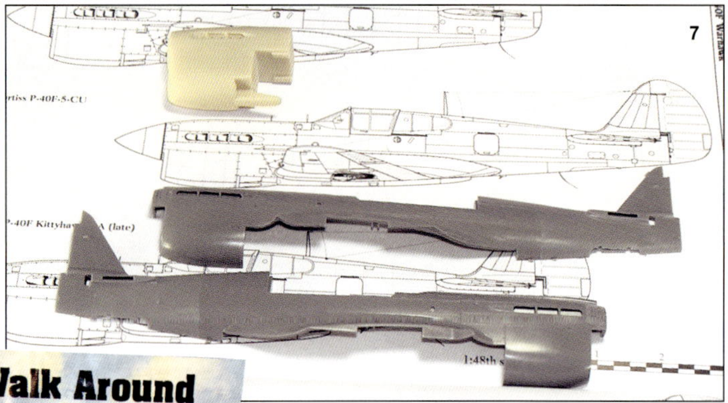

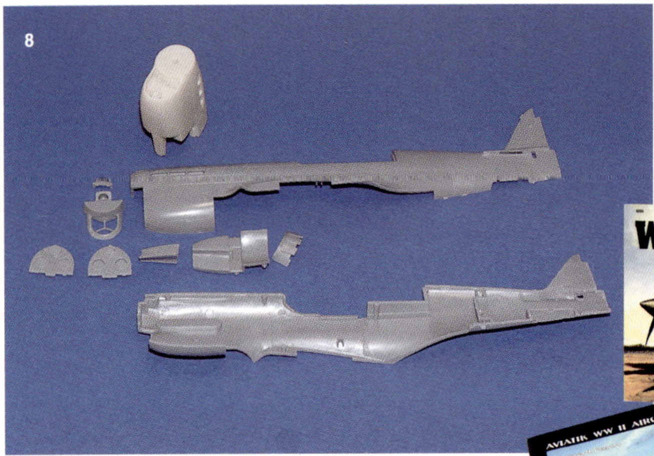

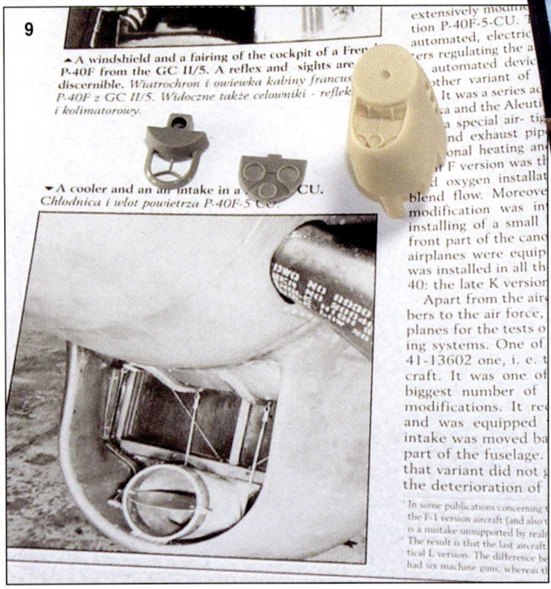

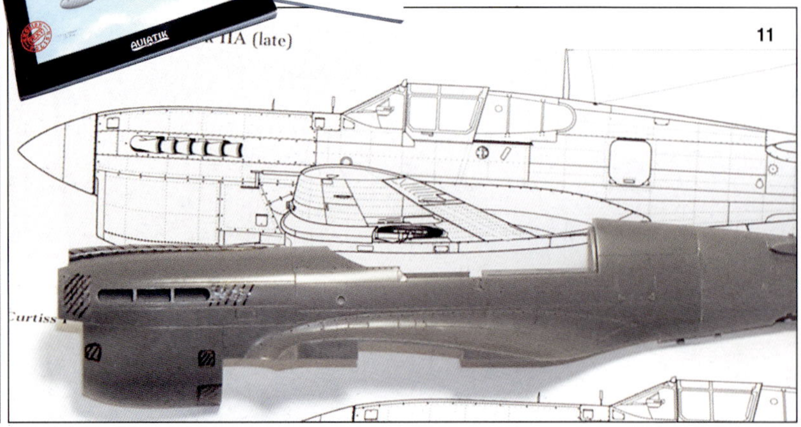

5 et 6. **Les éléments qui constituent chaque demi-fuselage sont fixés à la colle liquide par l'extérieur et l'intérieur.**

7,8 et 9. **Les sous-ensembles du M qui vont être converti en F. On voit ici un nez en résine proposé dans les boîtes AMT du P-40F qui s'avèrera totalement inutilisable sur notre modèle, par manque de finitions et erreurs de formes.**

10. **Pour préparer le gabarit du nez, on réunit la documentation.**

11. **La gravure à combler est surlignée.**

12. **On trace les contours du nez, par transparence, sur un ruban de masquage large.**

13. **Le tout est reporté sur une carte plastique 0,8 mm.**

14. **On coupe.**

15. **Le ruban adhésif est retiré.**

16. **Ça colle parfaitement!**

17 et 18. **Le travail de mise en forme du nez commence par un dégrossissage de la prise d'air supérieure. On utilise une fraiseuse à main Gunze avec une fraise boule.**

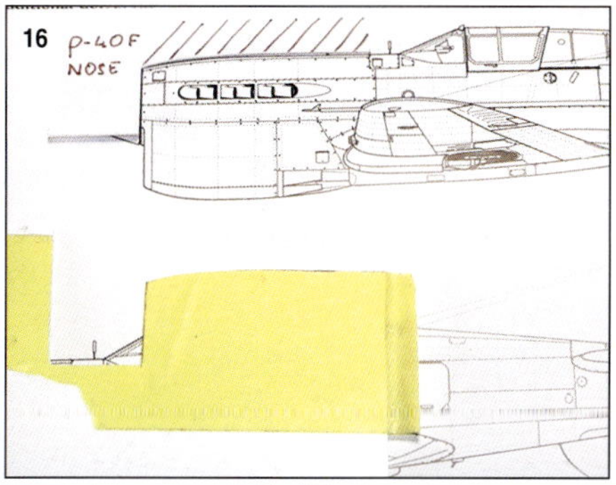

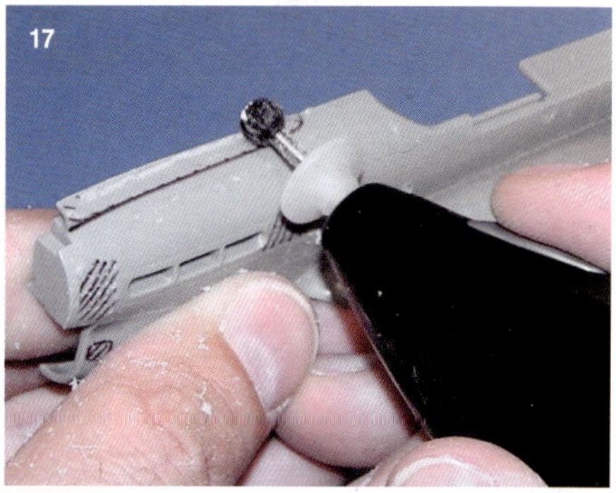

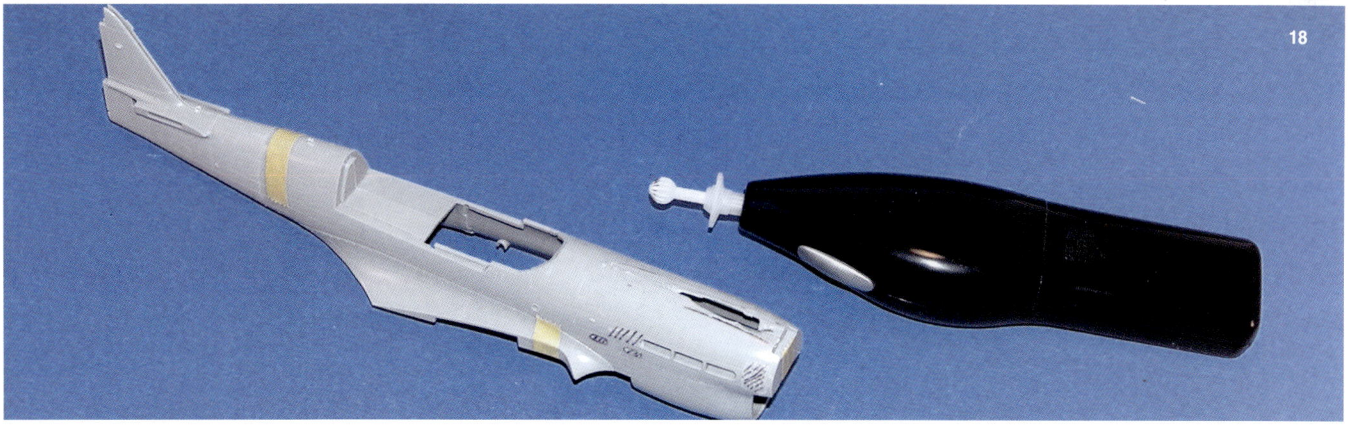

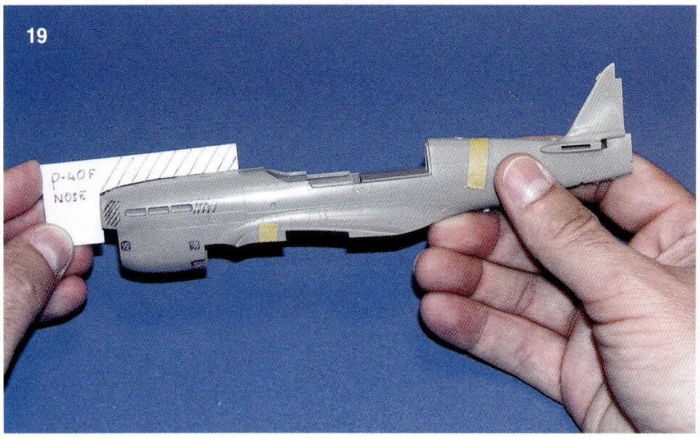

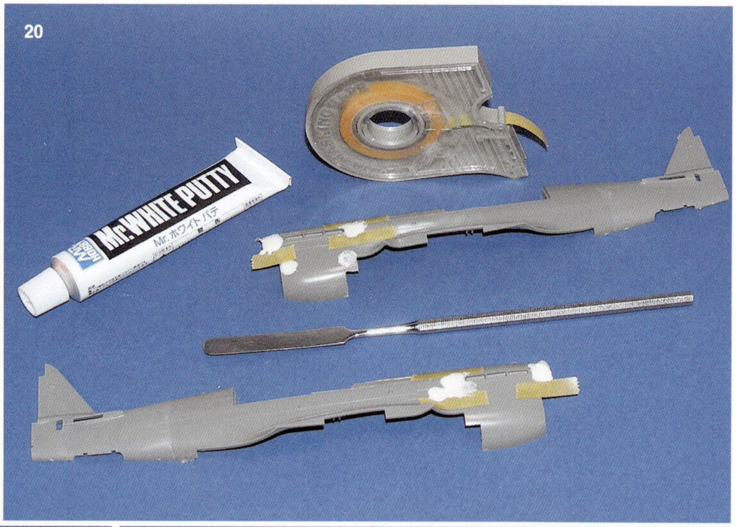

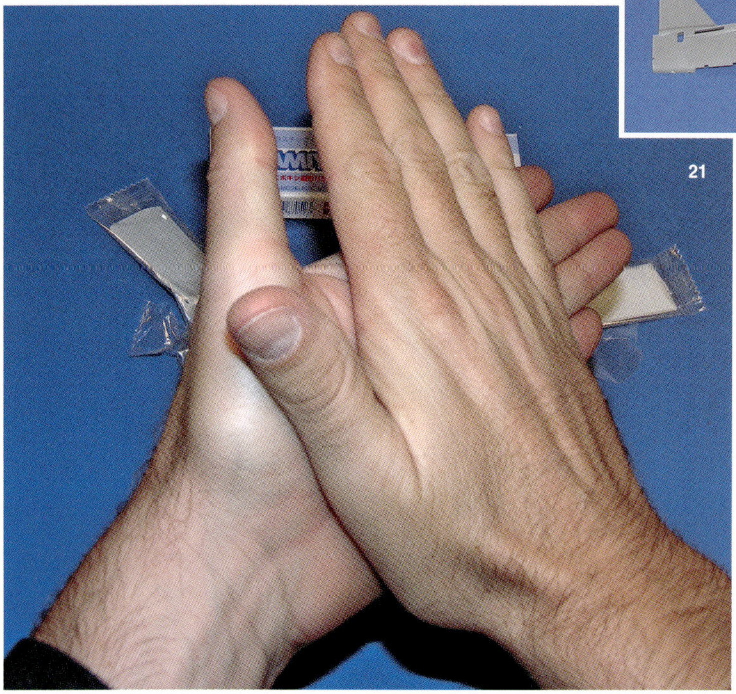

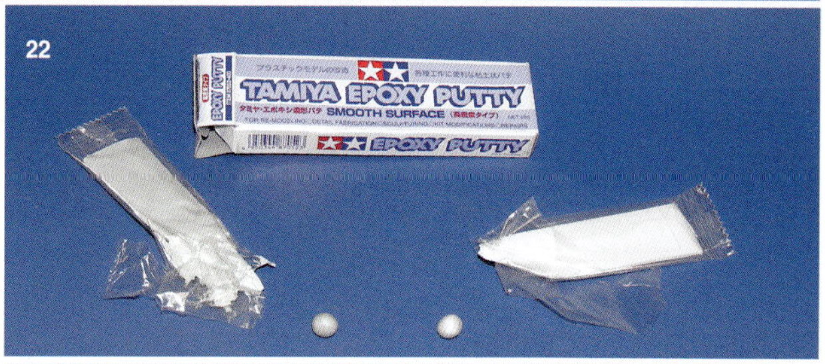

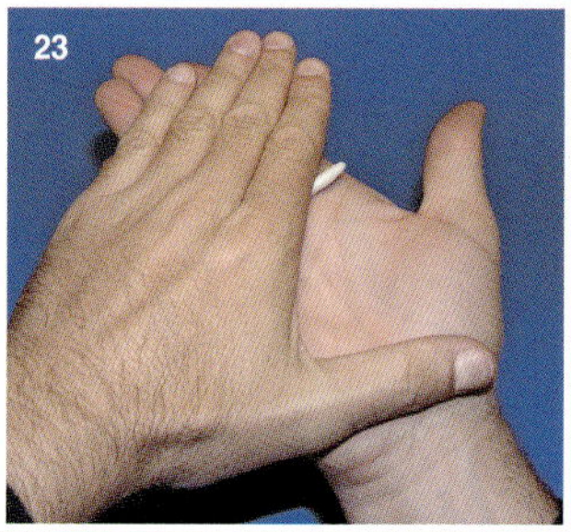

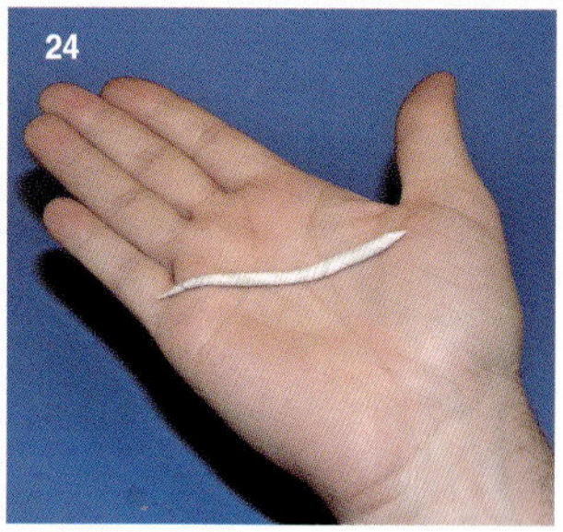

19. **Un premier contrôle indique qu'il faut combler une partie du capot avec un ajout de matière.**

20. **On en profite pour combler également les lignes de structure inexistantes sur la version souhaitée.**

21 à 24. **Au moyen de deux boulettes égales de mastic époxy à deux composants, on prépare la pâte qui va combler le capot.**

25. **Après délimitation des zones concernées, on pose le mastic.**

26. **Comme la fraise boule a percé le sommet du capot, on colle une cale par l'intérieur, sur laquelle le mastic à deux composants vient s'épauler.**

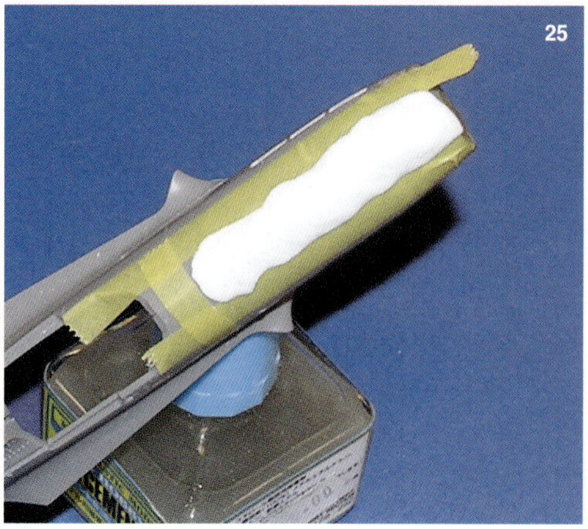

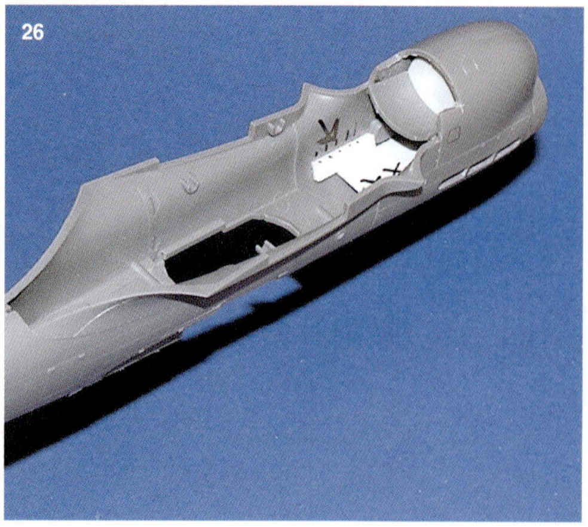

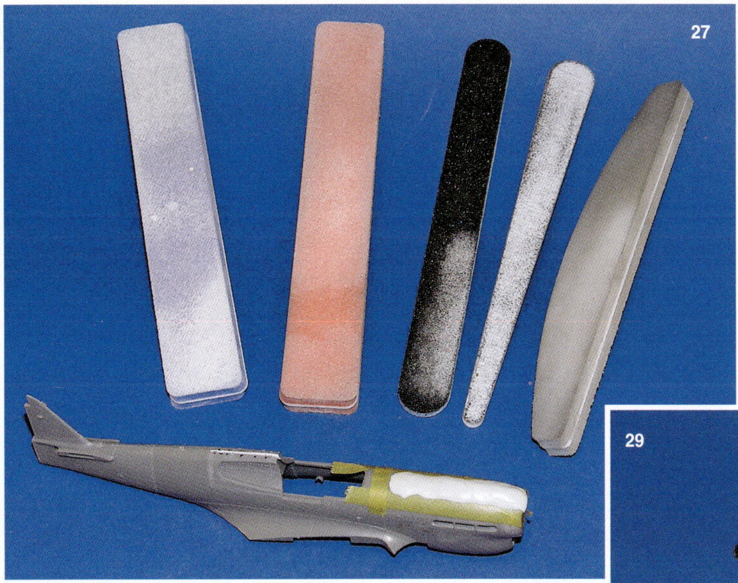

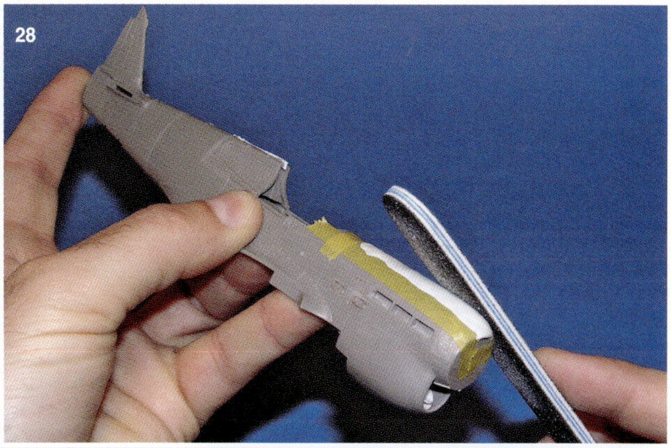

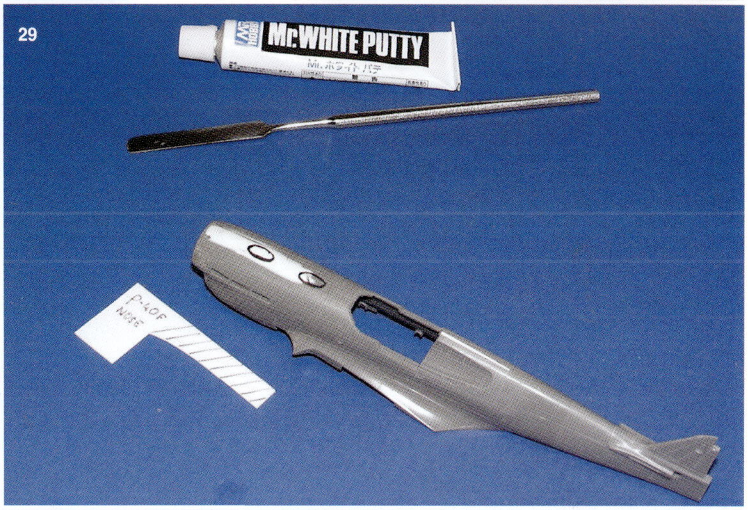

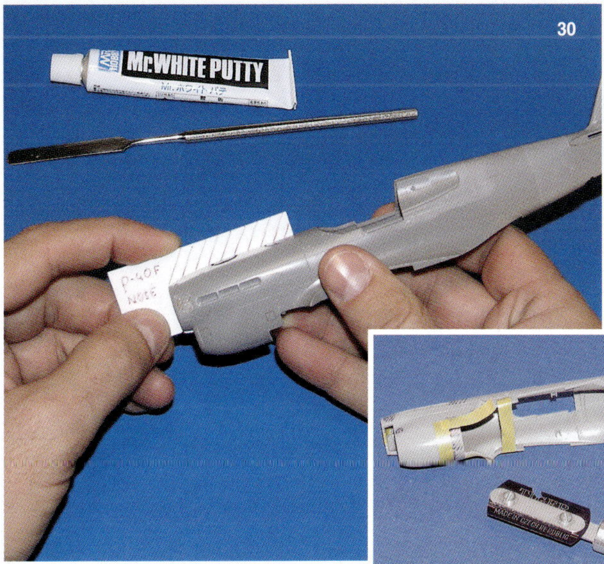

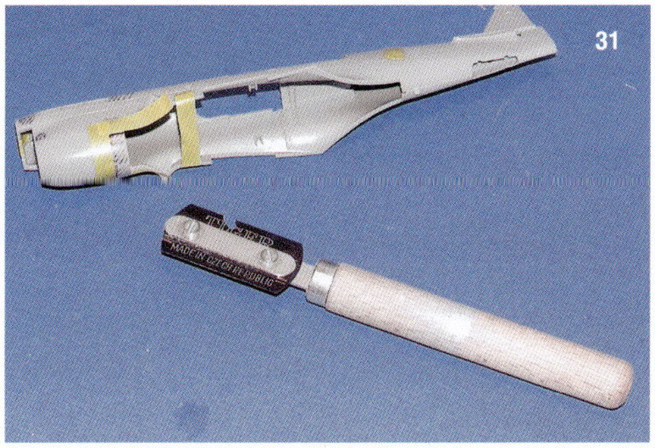

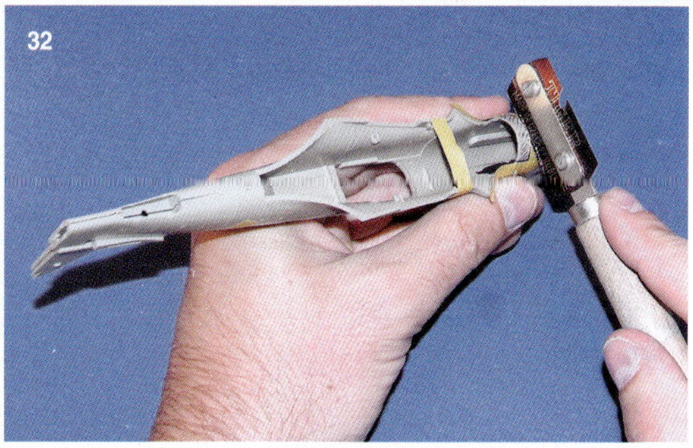

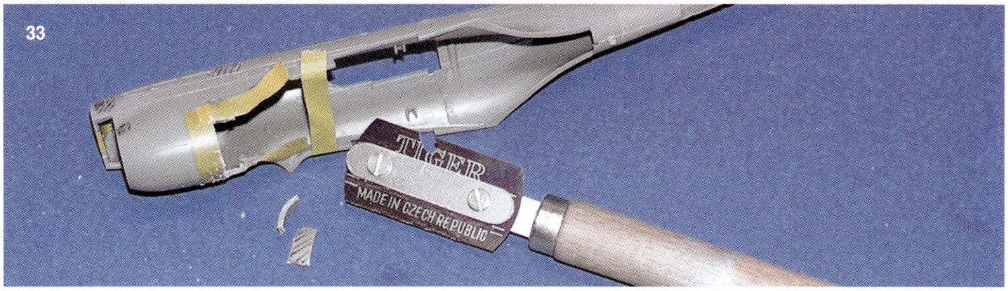

27 et 28. **Une fois bien durci, le mastic est poncé avec des limes souples de divers grains, du plus gros au plus fin, jusqu'à obtenir des surfaces lisses.**

29 et 30. **Un énième contrôle à blanc nous indique que les volumes sont bons, seules quelques aspérités sont à combler au White putty de Gunze.**

31 à 33. **L'emplacement des quatre ailettes de refroidissement, plus grandes et plus en arrière sur notre version, est découpé à la scie Tiger. Un ruban jaune bien visible nous guide dans la coupe et permet de couper droit.**

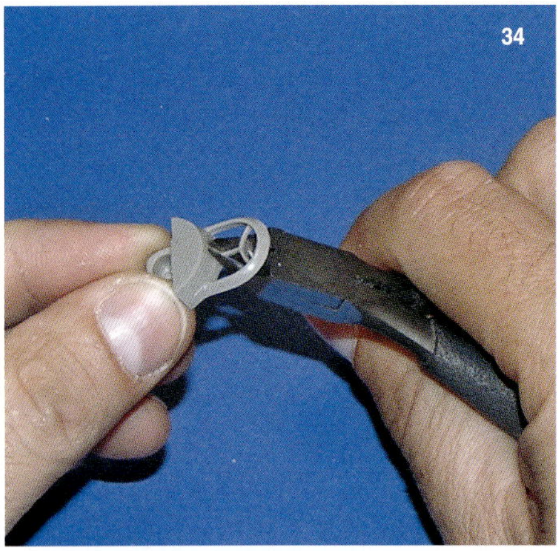

34

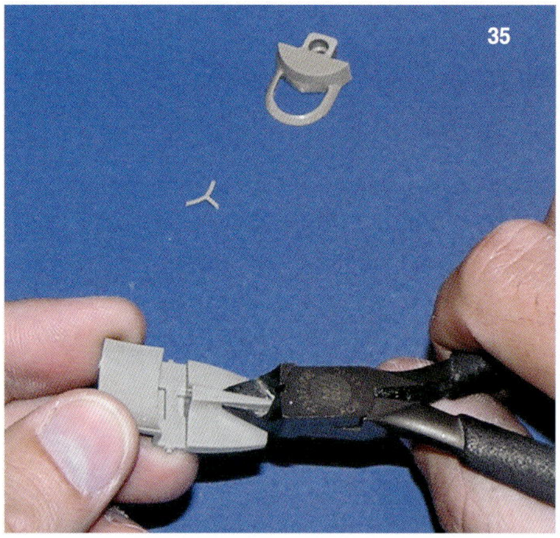

35

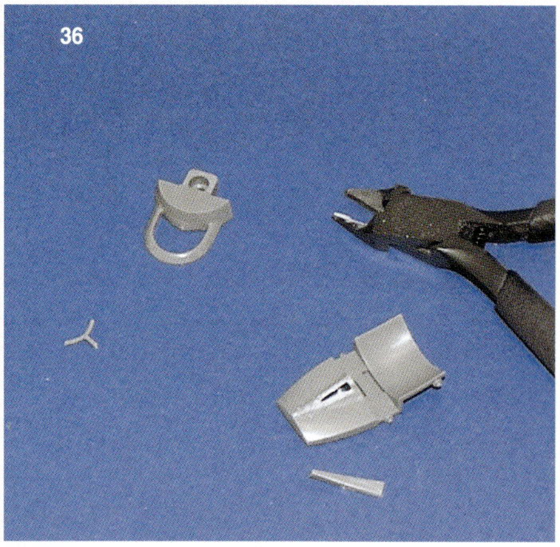

36

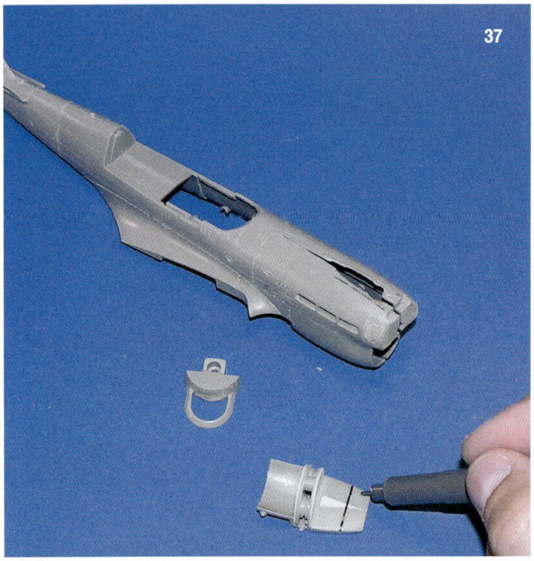

37

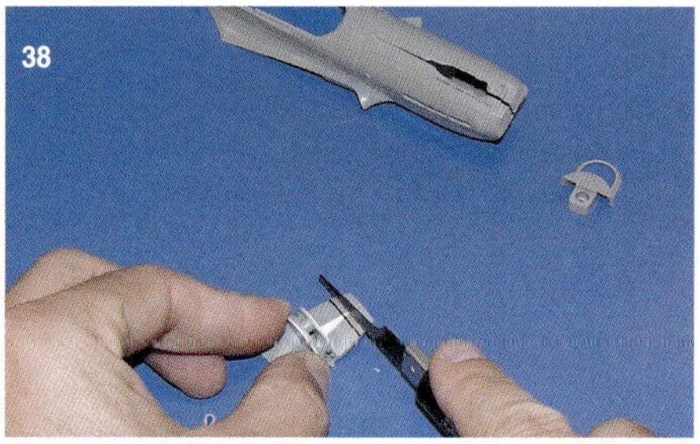

38

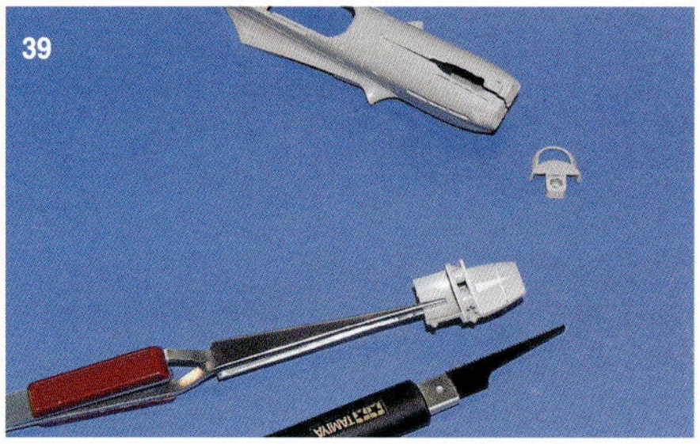

39

34 à 36. **On évide l'amenagement de la prise d'air d'origine, en vue d'être refaite dans son intégralité.**

37 à 39. **Avec le bord des ciseaux, on découpe une portion de grille metallique, idéale pour l'aménagement de prise d'air. On réalise un trait de scie qui définit l'emplacement de la grille de radiateur à installer.**

40. **On colle à l'arrière de la saignée un épaulement en profilé de plastique.**

41. **La plaque qui supporte la grille est découpée et mise en forme dans la carte plastique.**

42. **La grille est juste inserée dans la saignée. Un collage à la cyano pourrait en effet combler le maillage de la grille et dénaturer les détails.**

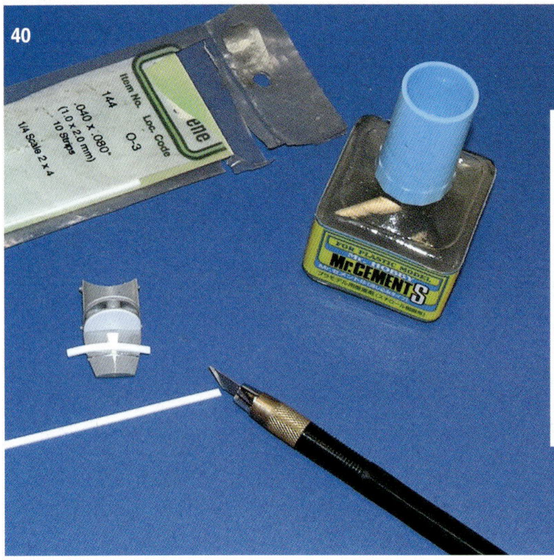

40

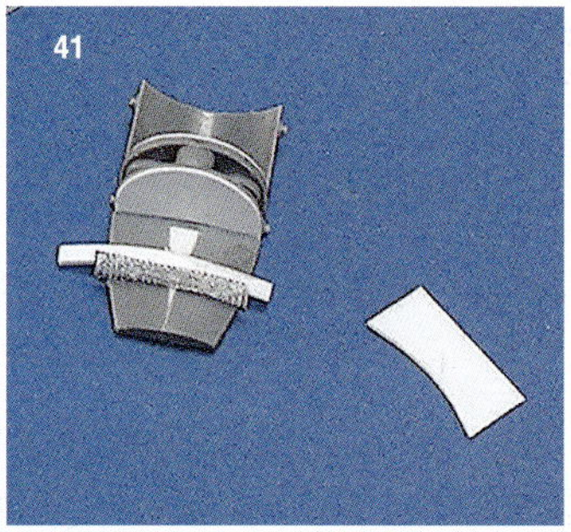

41

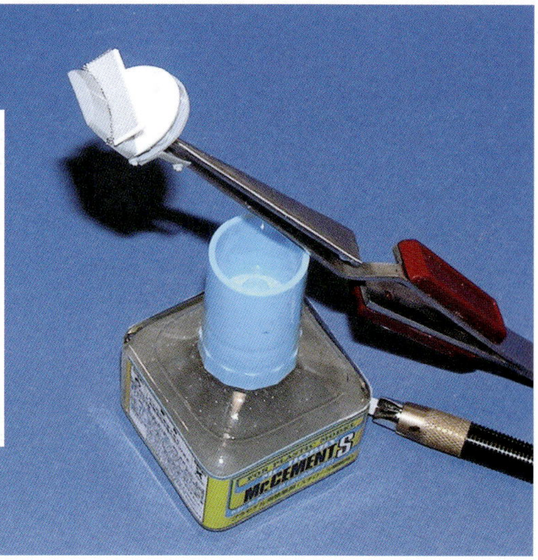

42

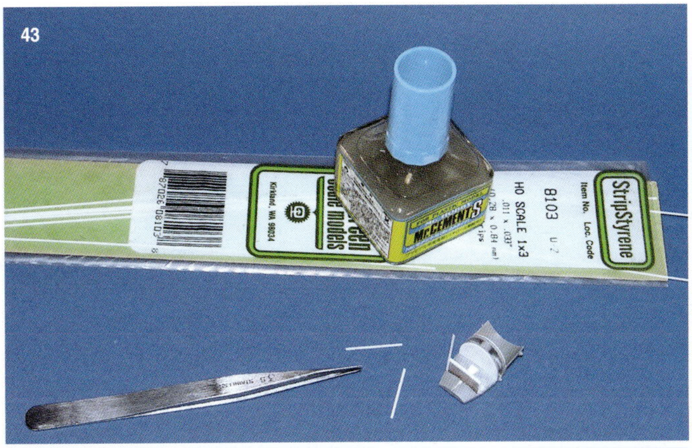

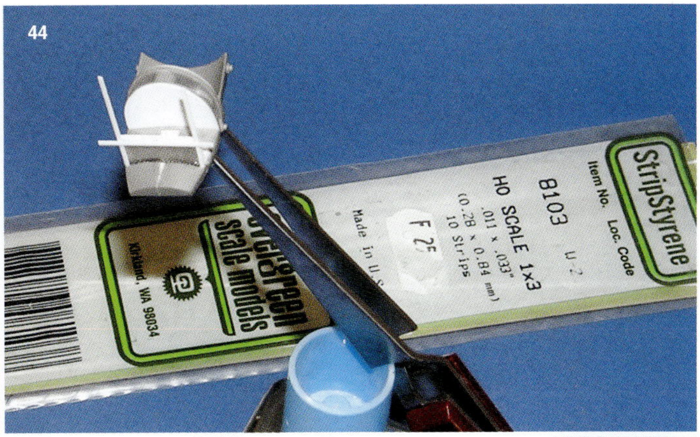

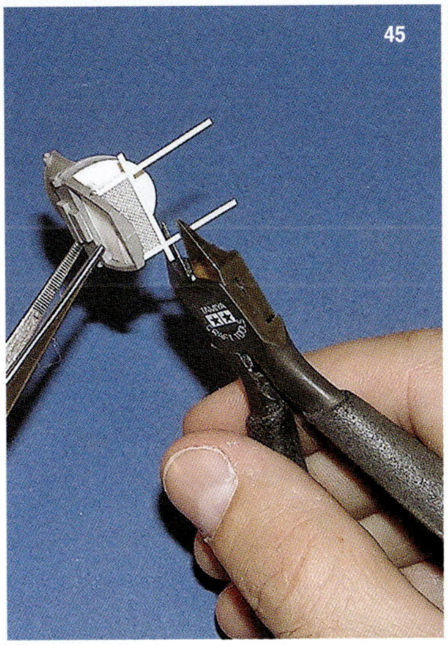

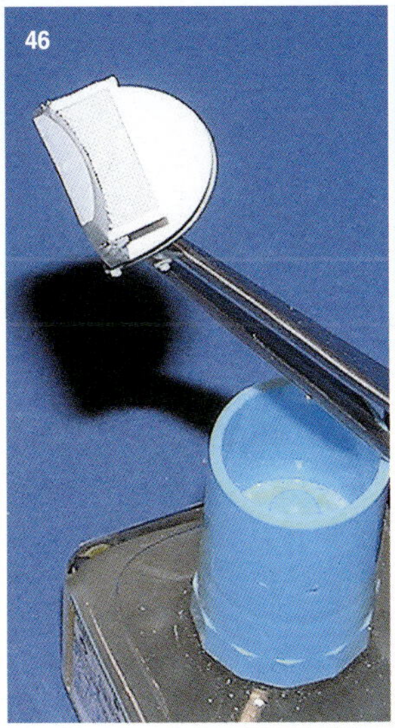

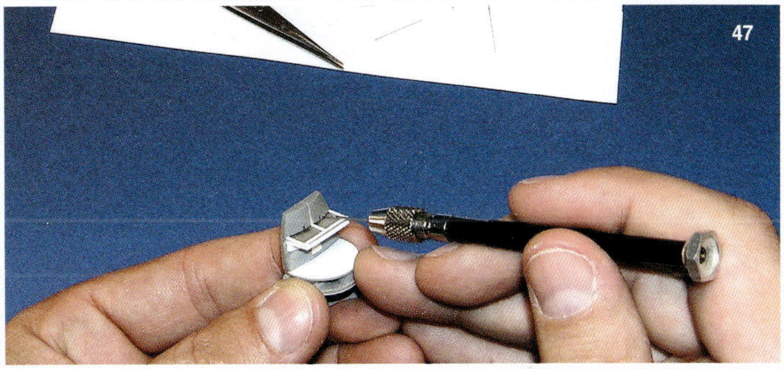

43 et 44. **Un cadre en profilé plastique emprisonne la grille.**

45 et 46. **L'excédent de profilé est soigneusement éliminé.**

47 à 49. **Le détail du canal de prise d'air est réalisé de toutes pièces.**

50 et 51. **Une carte plastique est glissée et collée sur la fente qui subsiste après collage des demi-fuselages.**

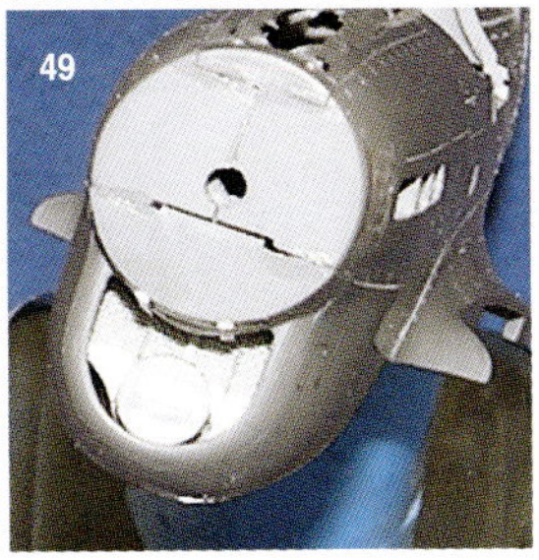

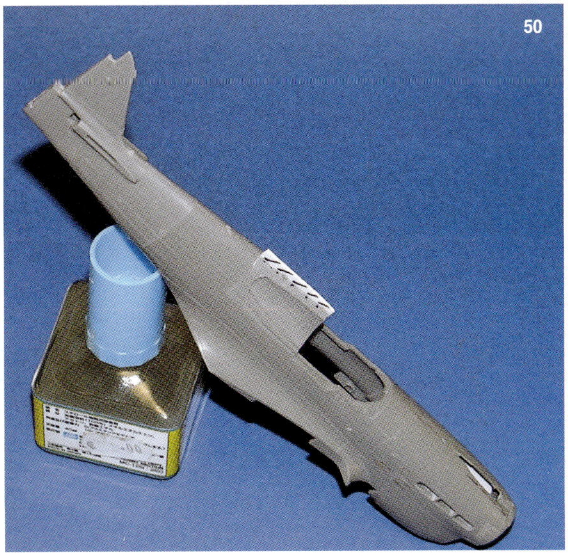

52. **Il faut ensuite couper avant de poncer.**

53 et 54. **Dans le prolongement du fuselage, derrière les volets, le rostre à l'extrémité est reproduit en contrecollant des morceaux de profilés. Puis il est mis en forme par ponçage avec de l'abrasif «gros grain».**

55 et 56. **Avant la réalisation des volets, un dernier surfaçage est nécessaire pour assurer une parfaite homogénéité avec le reste du kit.**

57. **Le gabarit des volets est rapporté sur une carte plastique fine.**

58 à 60. **On élimine l'éxcédent à l'aide d'un scalpel.**

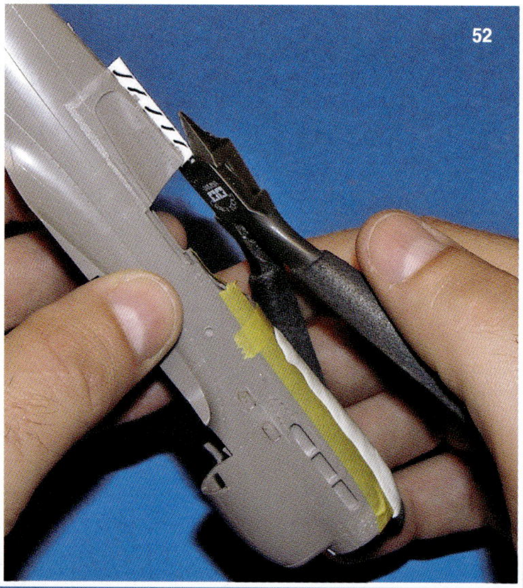
52

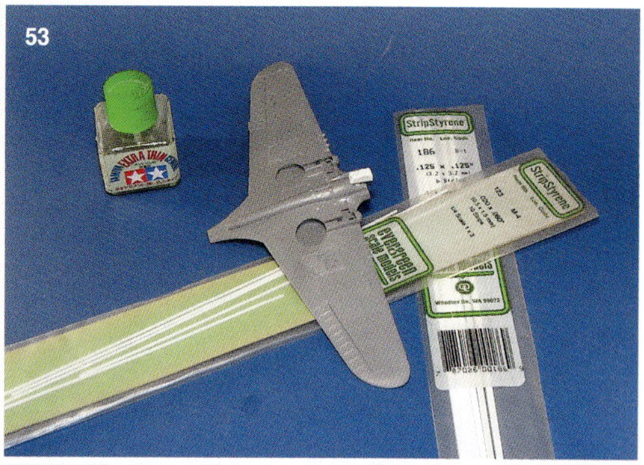

53

54

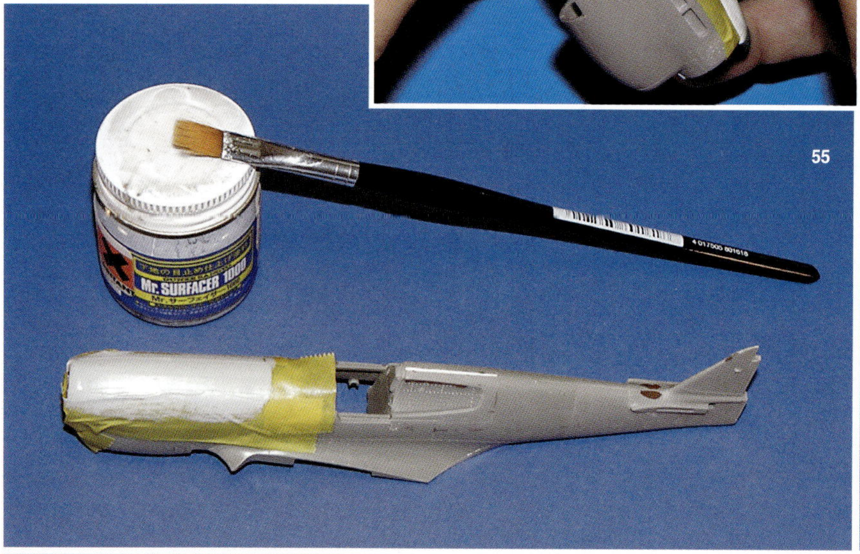

55

56

57

58

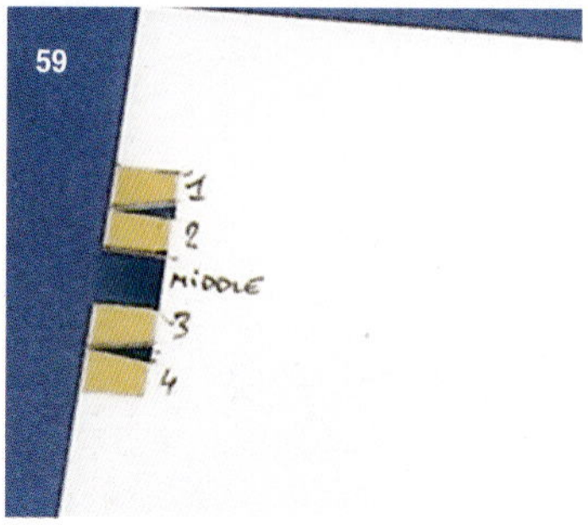

59

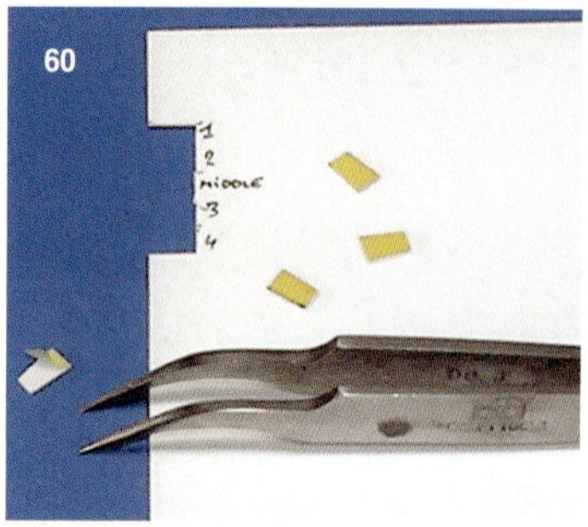

60

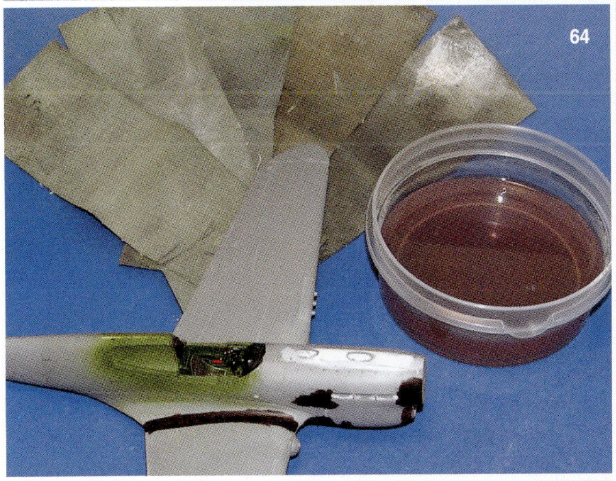

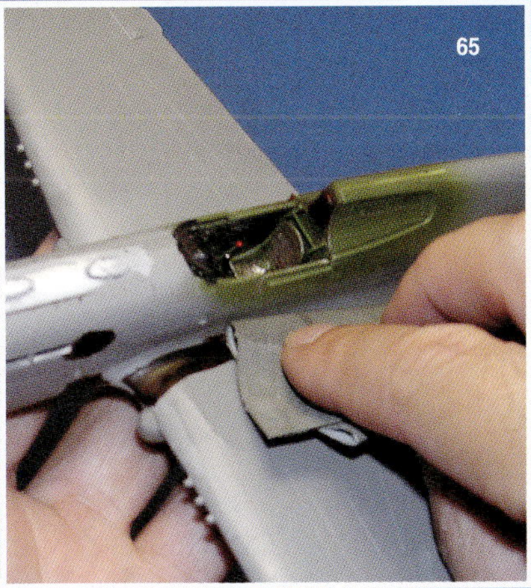

61. **Les volets sont collés.**

62 à 65. **Ultime séance de ponçage avant d'entreprendre la regravure du modèle au niveau de la partie avant.**

66. **Le matériel de regravure est prêt, les lignes sont tracées.**

67. **Le ruban adhésif plastifié (bande Dymo) sert de guide, on repasse la pointe en comptant le même nombre de passage par ligne.**

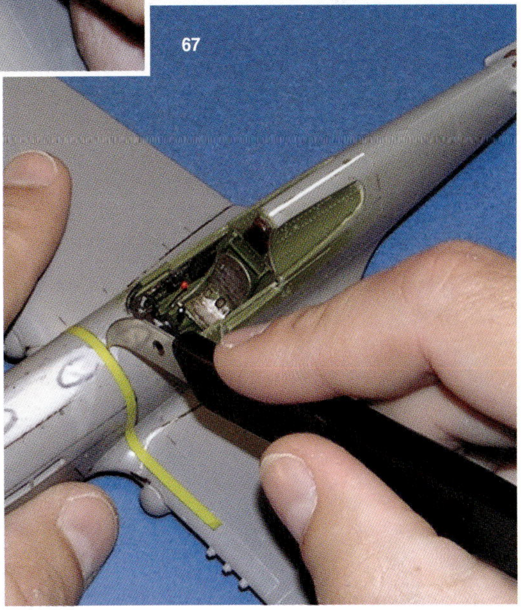

1. Décoration

La décoration choisie est celle de l'avion du célèbre commandant Rozannoff alors en charge du *CC II/5* «Lafayette». Les appareils de cette unité provenaient de stocks américain et anglais, ce qui explique les variations de teintes notamment entre le *Middle Stone* anglais et le *Desert Sand* américain.

68
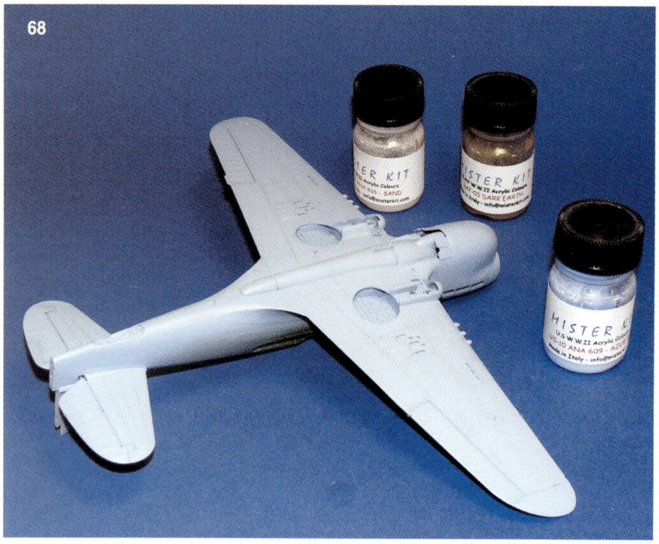

69

68. Le modèle est prêt pour la peinture. On utilise les teintes désertiques américaines *Desert Sand, MisterKit, Dark Earth* et *Azure Blue.*

69. Avant camouflage des surfaces supérieures, la verrière est collée, les montants sont peints en *US interior green* puis un voile de noir assure l'opacité des montants.

70 et 71. Le *Desert Sand* est quelque peu rosâtre. Le *Dark Earth* avec des ondulations à bord flou et les marquages américains qui apparaissent légèrement par transparence, notamment sur le fuselage.

70

71

435
13

MADKOT
114
13

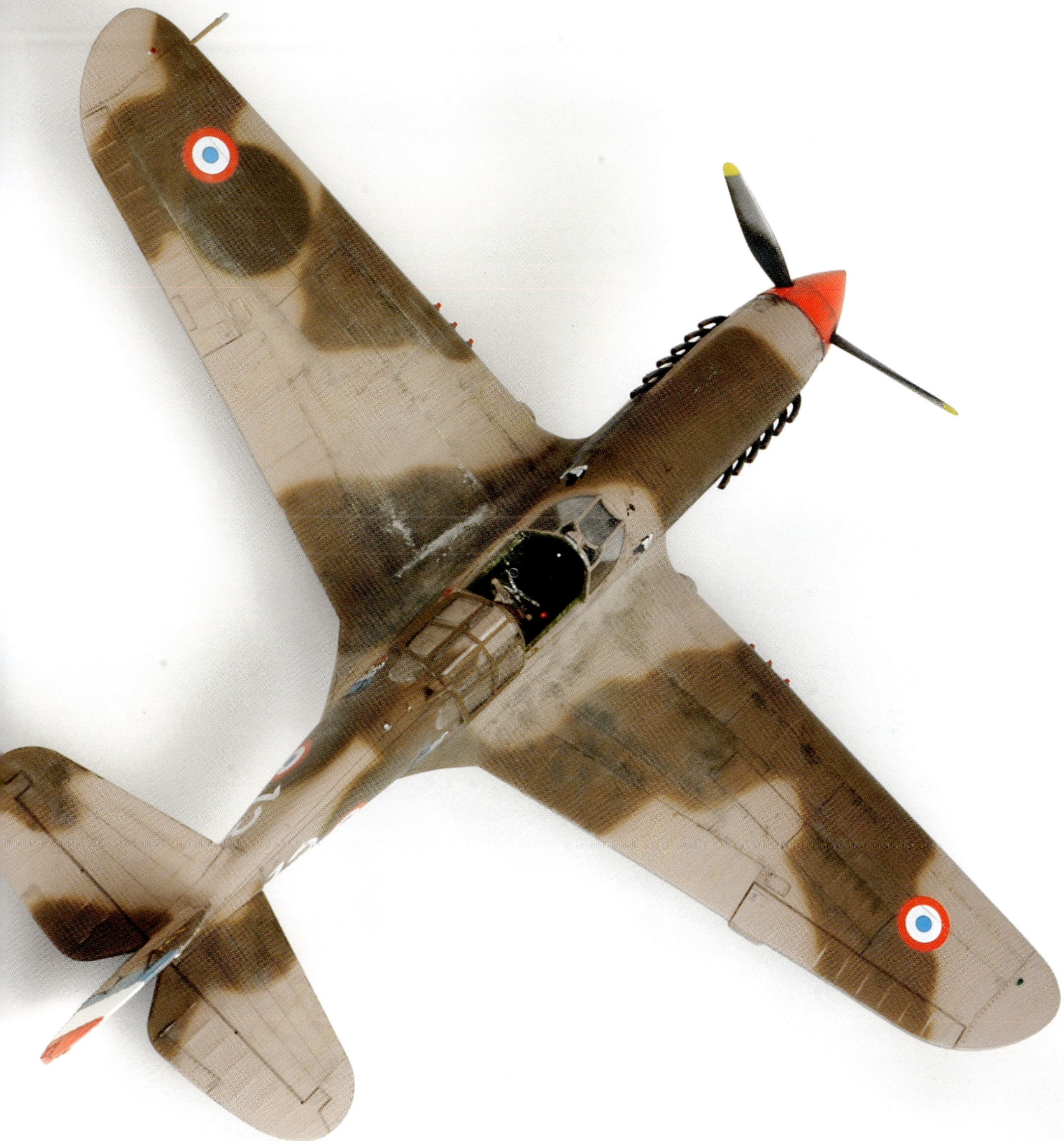

114
13
MADKOT

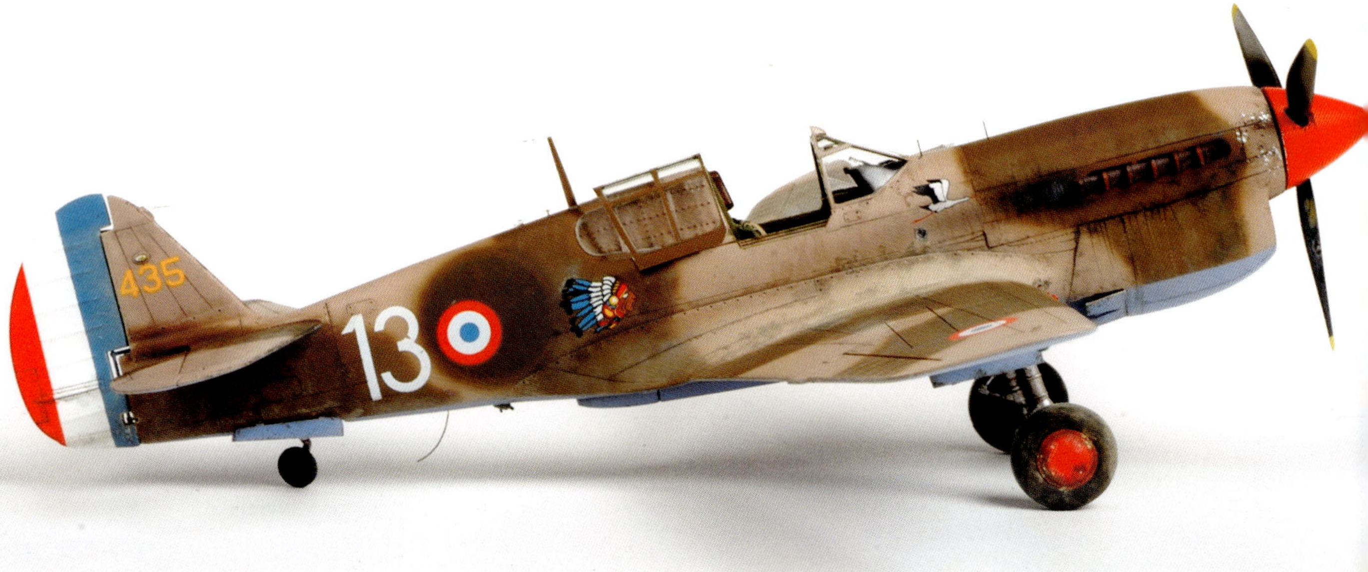
435
13

CURTISS P-40N

PEINTURE ET VIEILLISSEMENT

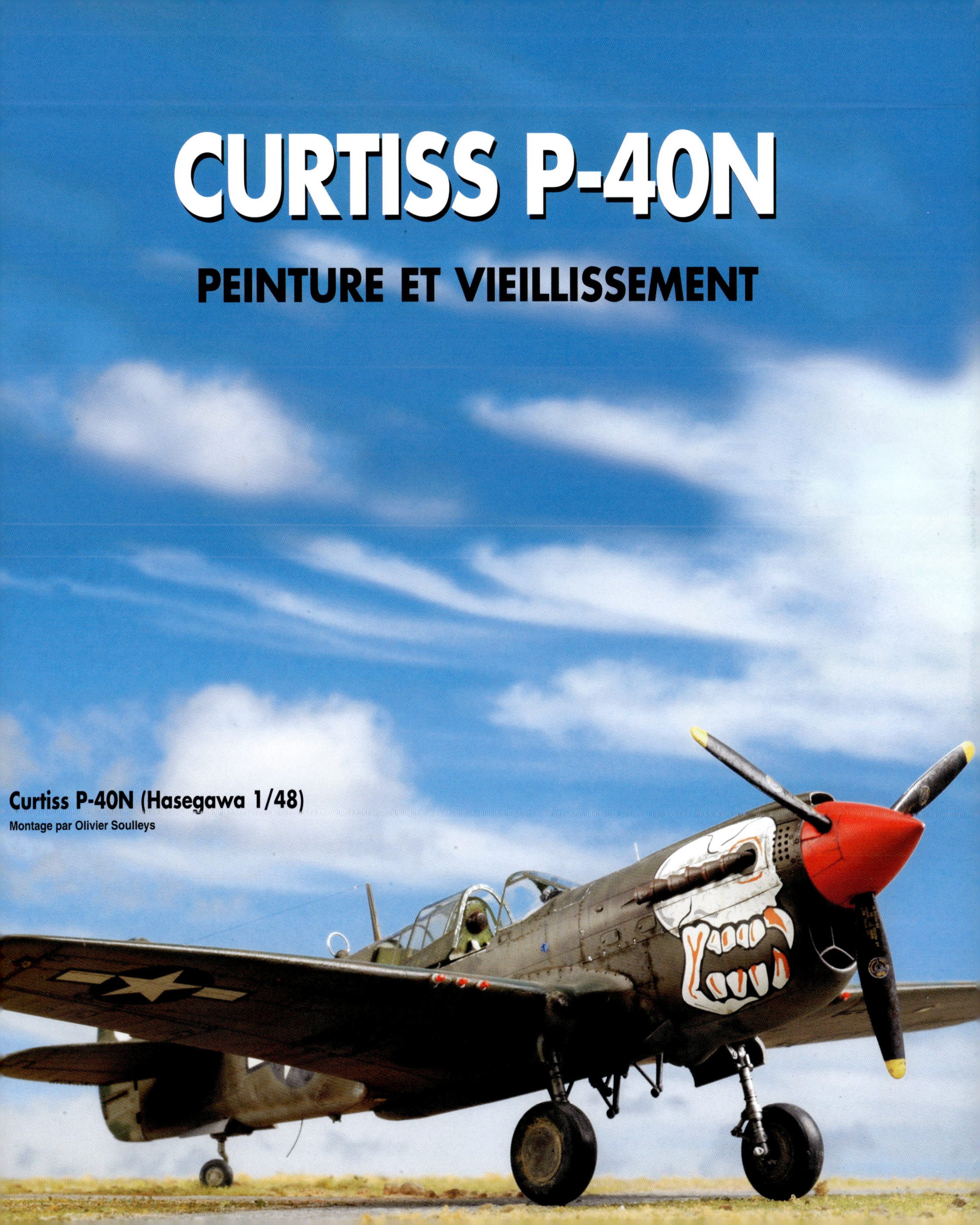

Curtiss P-40N (Hasegawa 1/48)
Montage par Olivier Soulleys

CUTTING EDGE, AIRES, CMK, EDUARD, QUICKBOOST, ULTRACAST sont autant de fabricants d'accessoires incontournables de nos jours dans le marché de la maquette. Loin de la course à l'armement, au point parfois de ne plus pouvoir fermer la boîte tant celle-ci est pleine de ces superbes sets d'amélioration (!), nous vous proposons un montage « direct de boîte » dans lequel tous les efforts ont été mis sur la peinture.

Cet exercice de style permet, en ne laissant aucun détail échapper à la peinture, à partir d'une belle base comme le kit Hasegawa, d'obtenir un résultat rapide et somme toute bien agréable tout au long de sa réalisation.

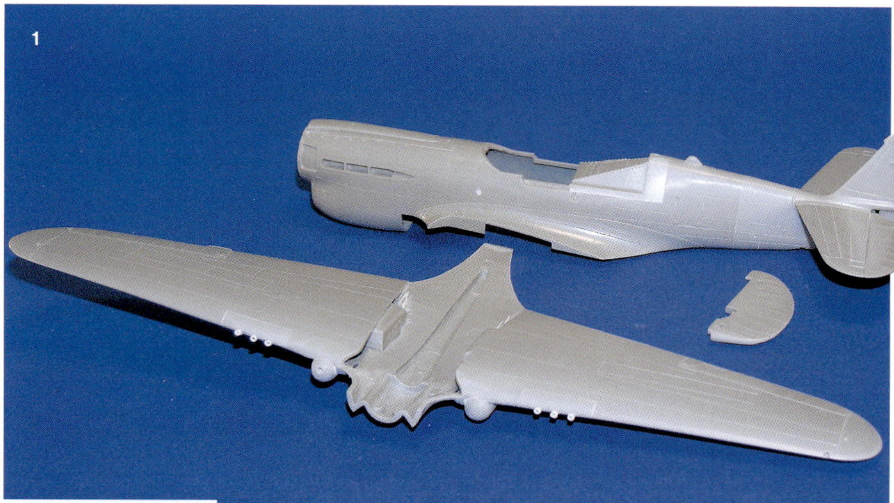

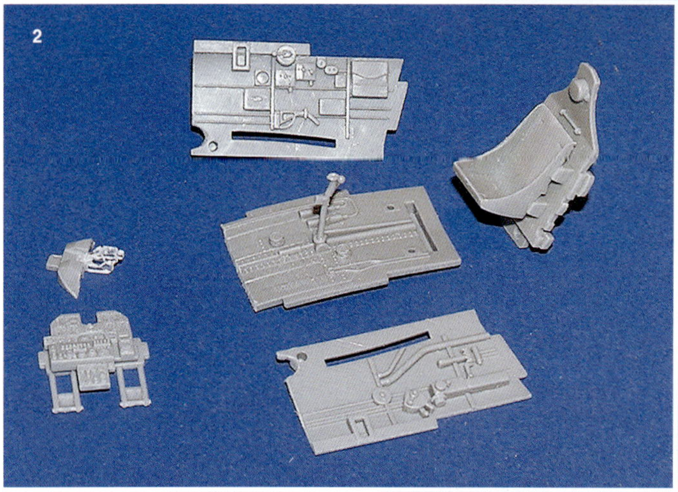

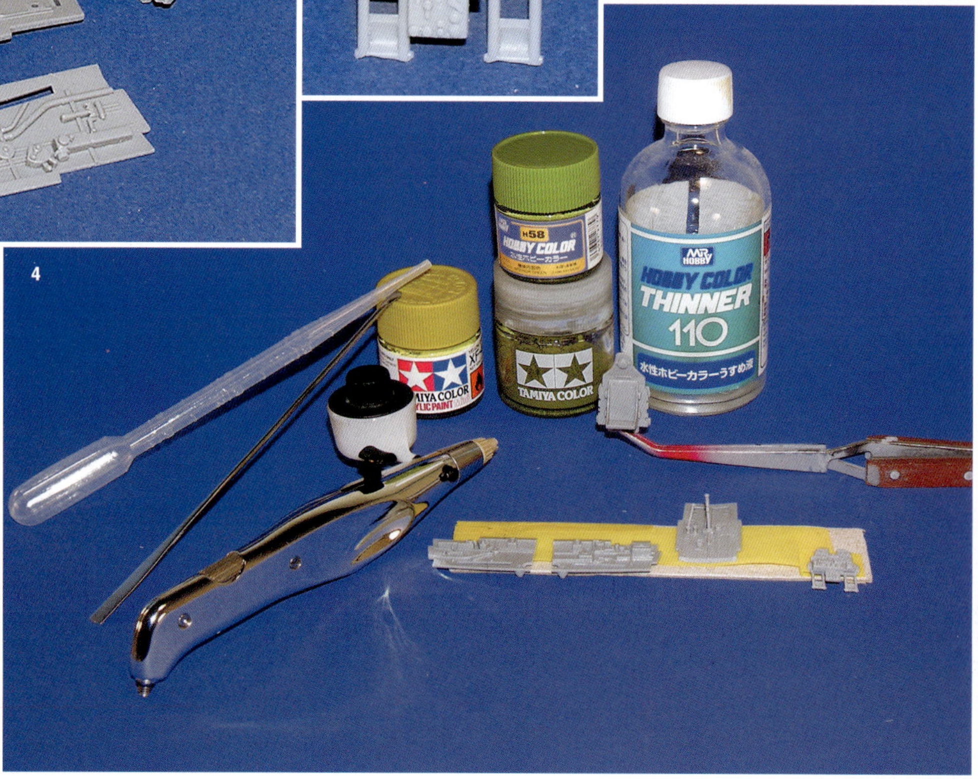

1. On débute le montage par l'assemblage de la cellule et de l'aile, en notant au passage un niveau de détail des surfaces impressionnant pour du 1/48.

2. Les éléments du cockpit sont nettoyés et ébavurés. Hasegawa a bien reproduit la forme en « V » du plancher qui, dans la réalité, constitue le dessus de l'aile qui traverse l'habitacle.

3. La planche de bord est fixée aux pédales du palonnier, ce qui facilite la mise en peinture avec une pince inversée.

4. On fixe ces éléments sur de la bande cache Tamiya bien à plat sur une chute de carton.

5 à 10. **Le tout est peint avec du vert intérieur US de Gunze .**

11. **La planche de bord est couverte de noir acrylique au pinceau. Ici, on emploie de la peinture Mister Kit. Un léger brossage à sec avec du Neutral Grey est réalisé avant la pose des décals.**

12. **La pince inversée maintient fermement le tableau de bord.**

5
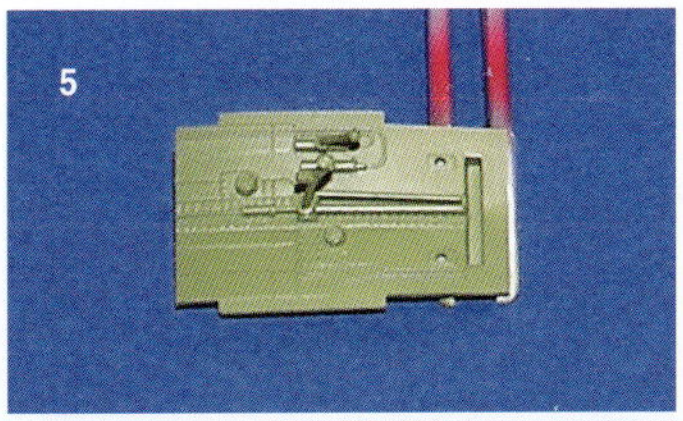

6
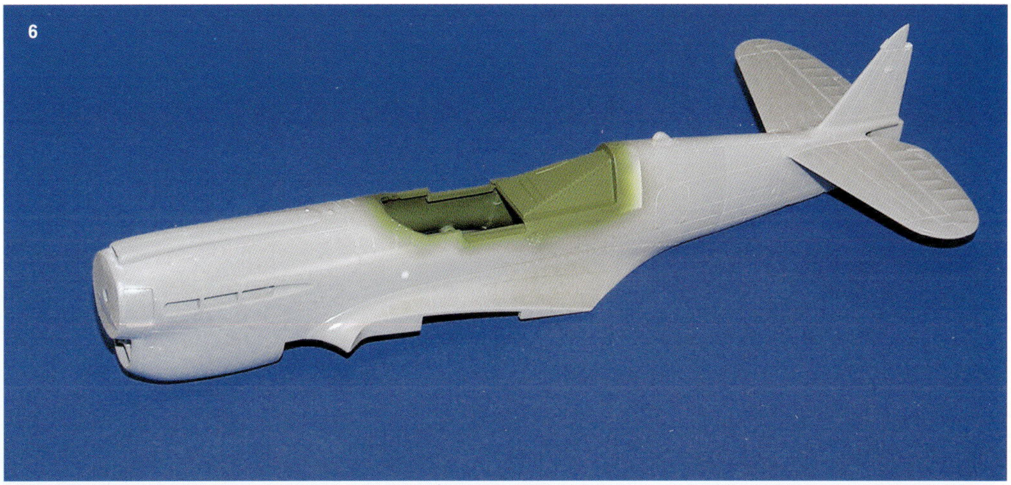

7
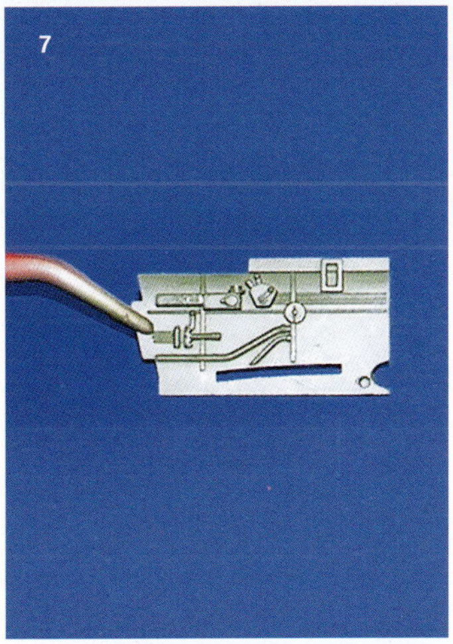

8
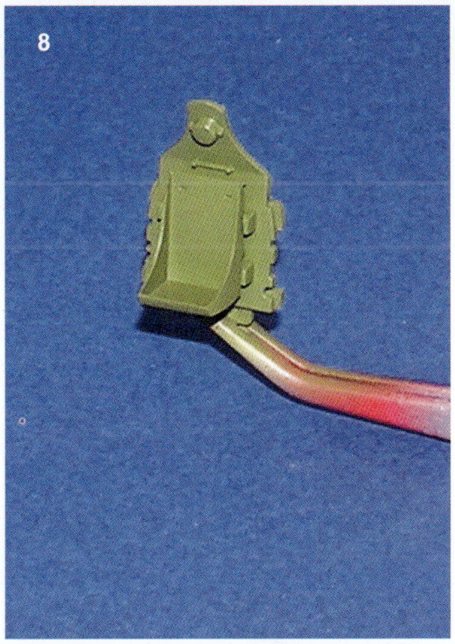

9
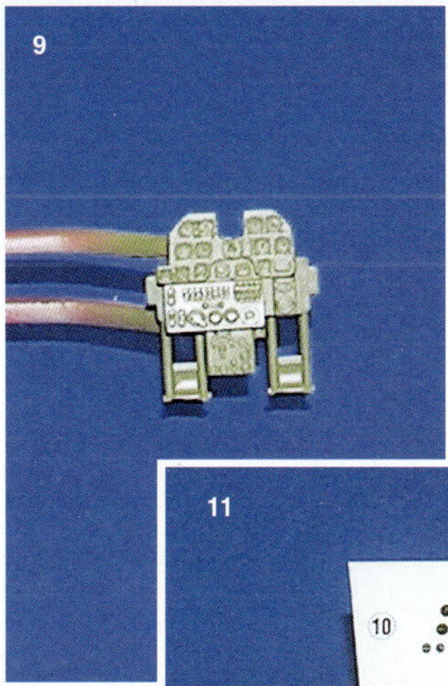

10
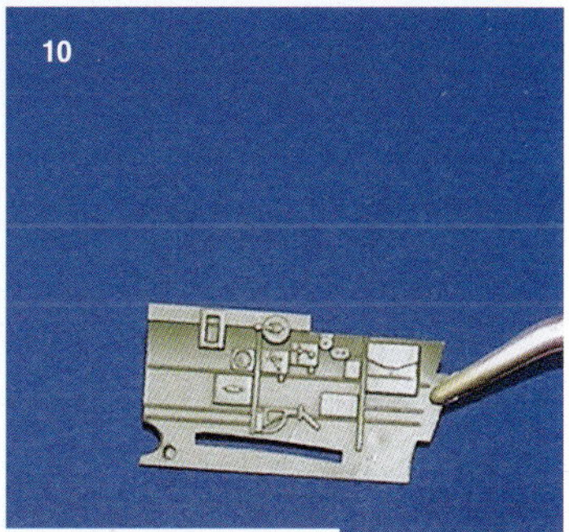

11
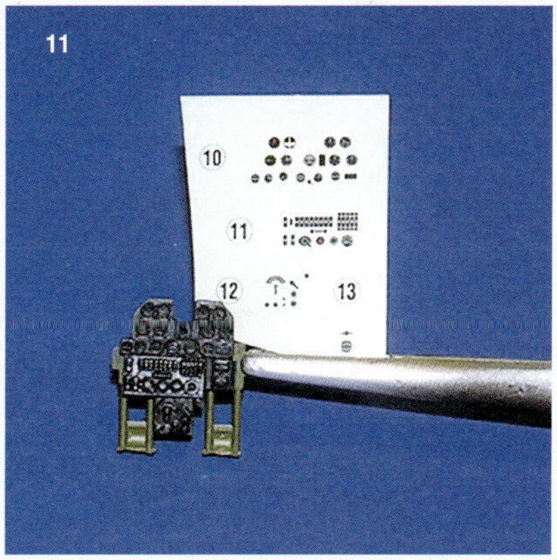

12
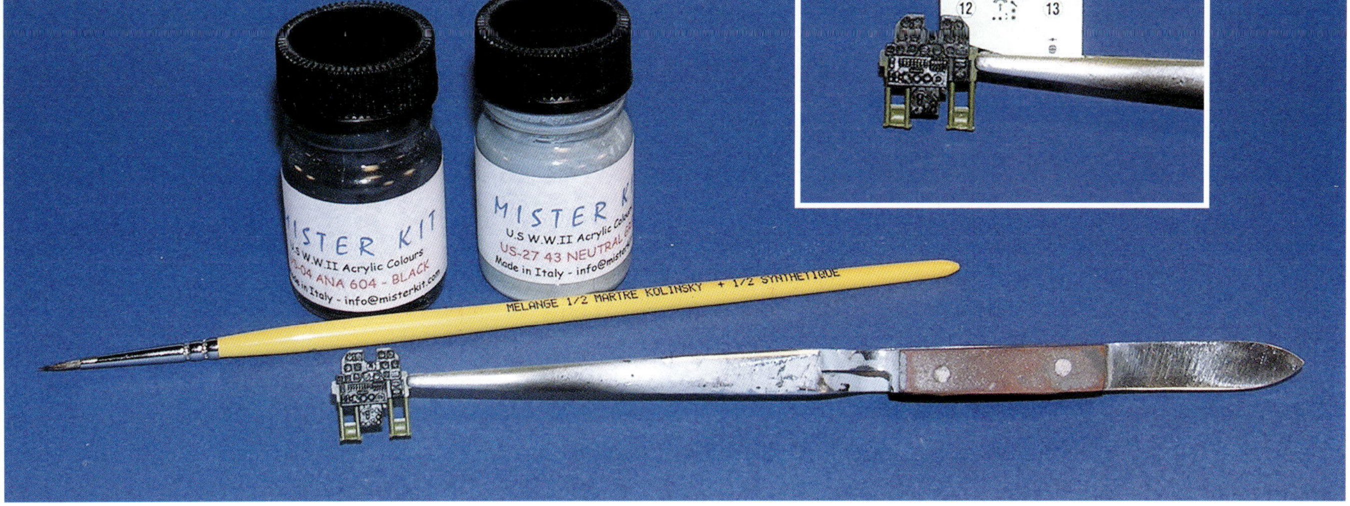

13

14

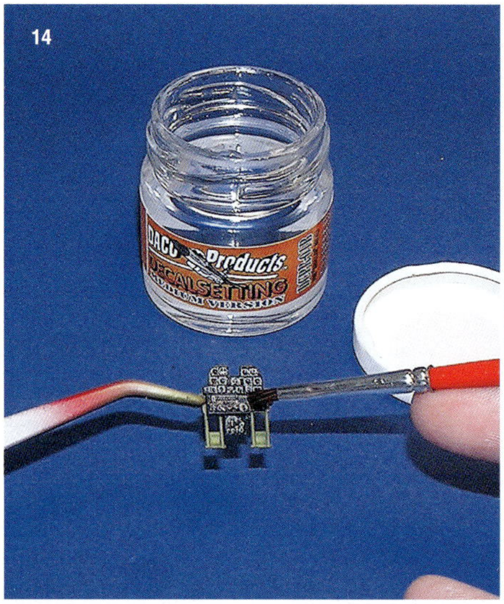

15

16

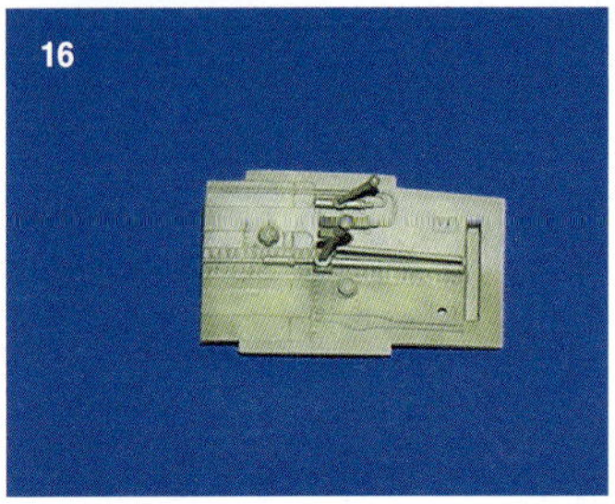

17

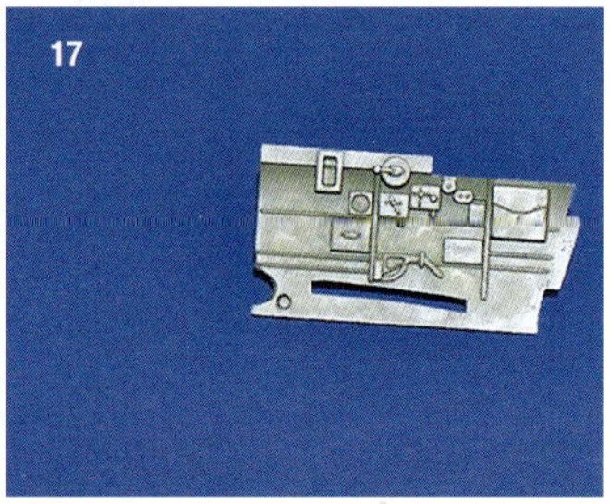

18

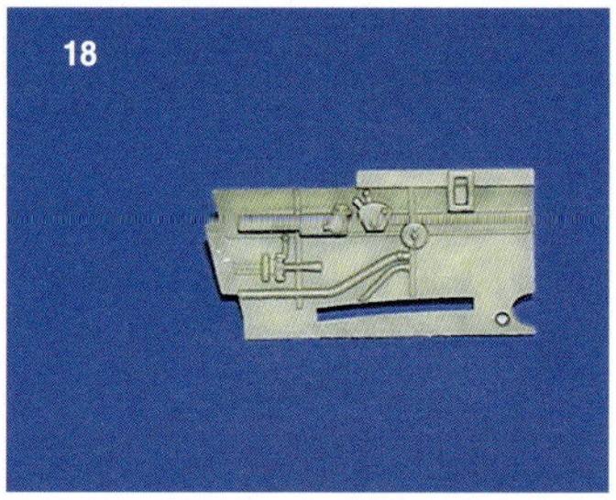

19

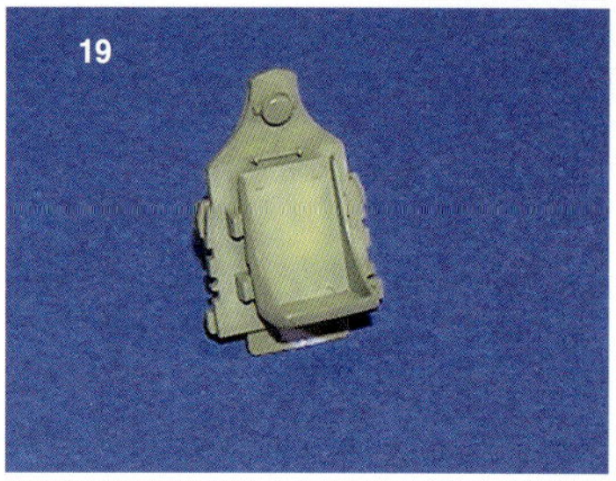

20

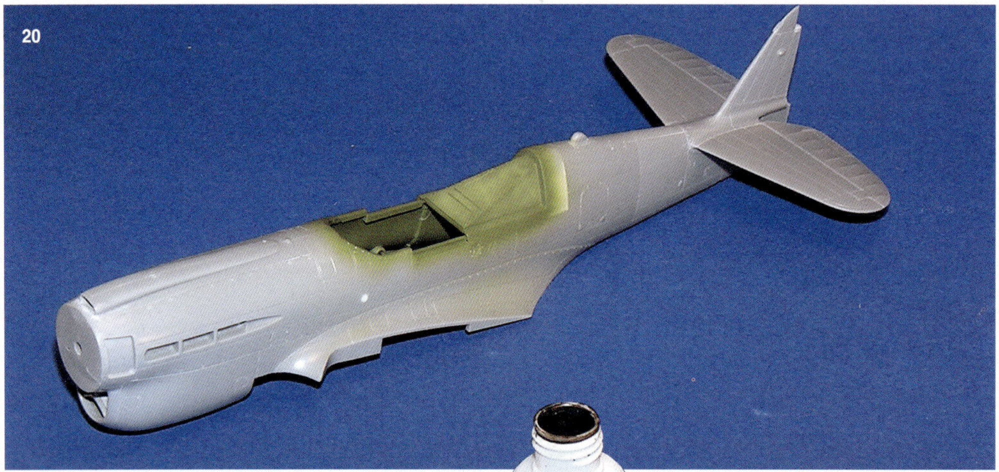

13. **Dans un premier temps, tous les décals sont posés.**

14 et 15.**On applique enfin l'assouplissant Strong de Daco avec une brosse à poil dur qui permet au décal d'épouser au mieux tous les reliefs .**

16 à 20. **Avec l'équivalent d'un jaune zinchromate (Tamiya XF-4) dilué à l'extrême, donc non couvrant, on nuance de manière irrégulière le vert intérieur.**

21 à 26 (page sivante). **Un vert olive acrylique est déposé sur un tampon de mousse et vient, en l'appliquant par tapotage, reproduire quelques effets irréguliers sur les surfaces.**

21

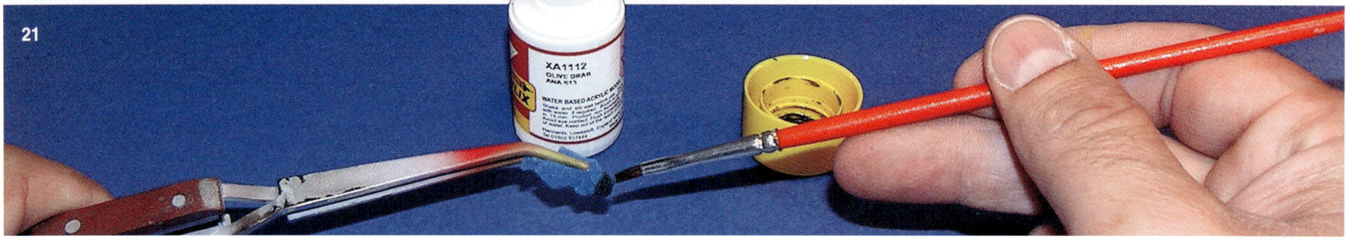

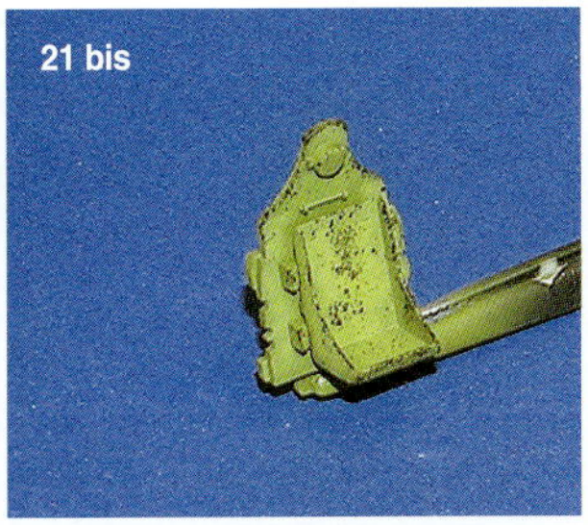

21 bis

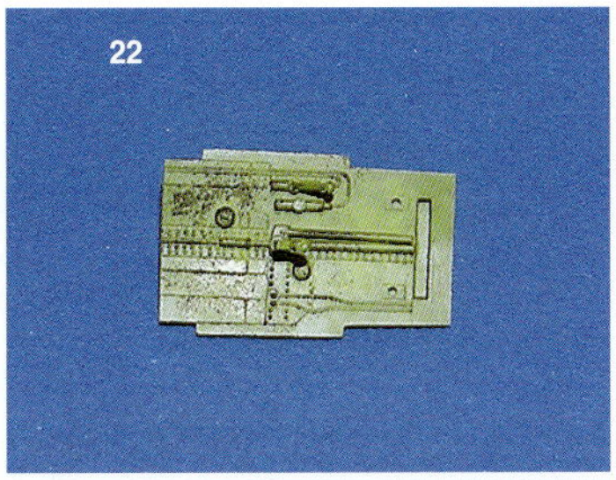

22

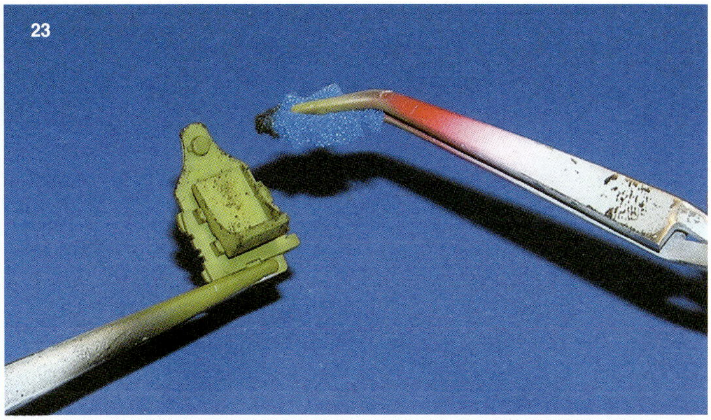

23

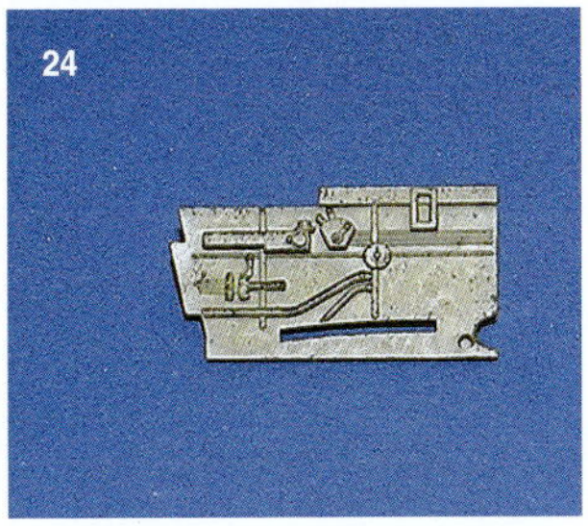

24

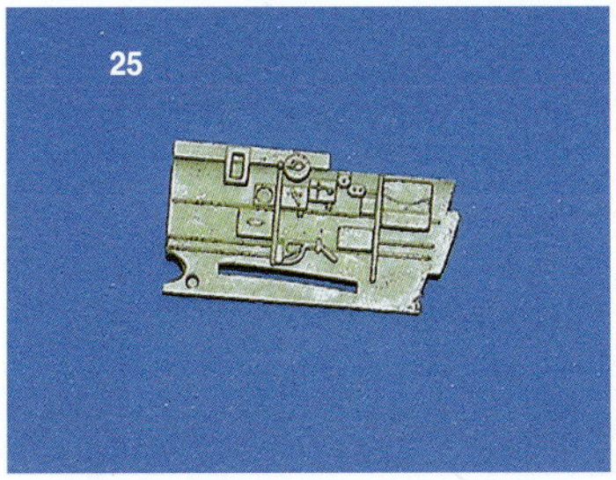

25

26

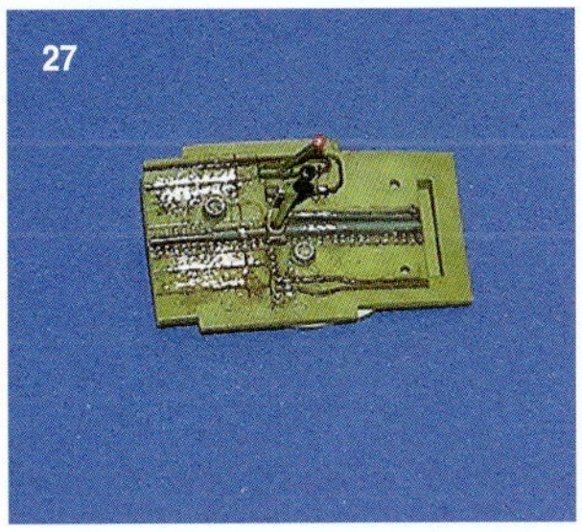

27

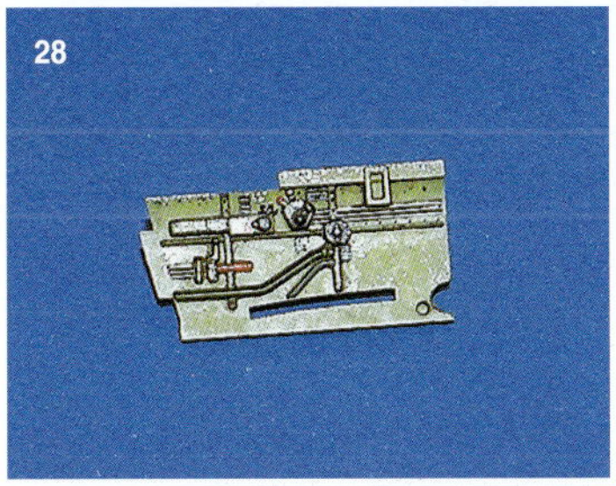

28

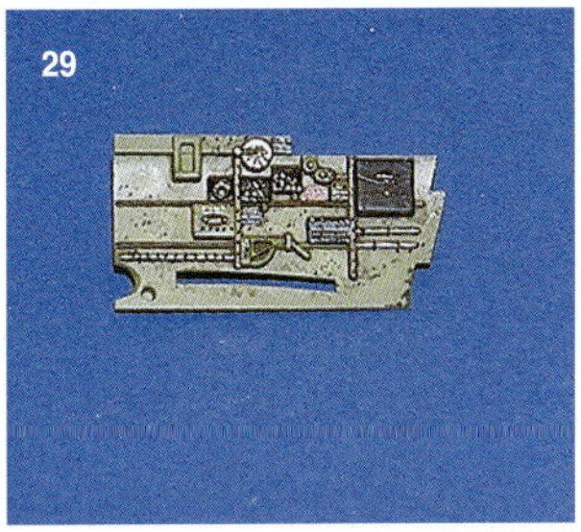

29

30

27 à 29. **Les premières touches de couleur et microtaches aluminium reproduisent les détails et l'usure.**

30. **À l'aide d'un feutre de 0,05 mm de diametre, on réalise en trompe-l'œil, des lignes de rivets et autres visseries, comme sur la plaque de blindage du pilote.**

31 à 34. **Le poste de pilotage est peaufiné avec l'ajout de touches de peinture vives sur les boîtiers ainsi que d'un jus de peinture à l'huile marron dans les creux. On peut reproduire les plaques d'instruction noires et rouges avec des reliquats de décalcomanies.**

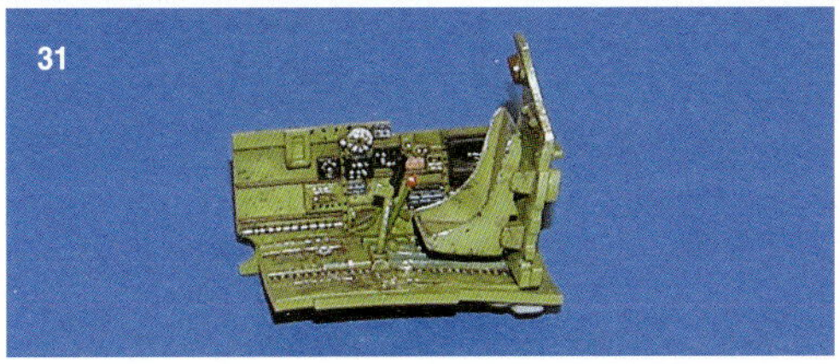

31

32

33

34

35. **La verrière est collée et masquée au ruban Tamiya, en utilisant une lame neuve pour la découpe.**

36. **Dans l'ordre, on applique une couche de vert intérieur sur la verrière, suivie d'une autre de noir, pour être sûr de l'opacité des montants.**

35

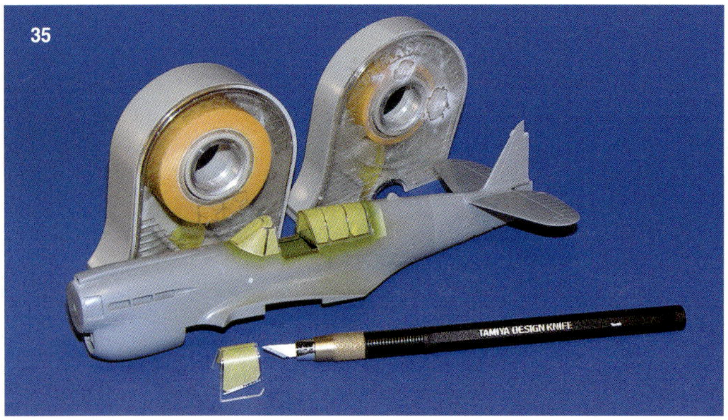

36

1. Décoration

Pour cette maquette, notre choix est porté sur un appareil du 80th Fighter Squadron de l'USAAF basé en Inde au printemps 1944. Au menu nous avons donc de la poussière de sable, de la terre, un soleil de plomb et de la pluie fréquente pour corser le tout. De plus, cette machine a connu divers remplacements de panneaux comme en témoigne l'avant du capot gauche, échangé contre un exemplaire portant un œil provenant d'un nose art représentant une gueule de requin. En revanche, le crâne emblématique du 80th FG reste intact sur le côté droit. Notre méthode de vieillissement devra donc tenir compte des conditions climatiques particulières du théâtre d'opération choisi.

38

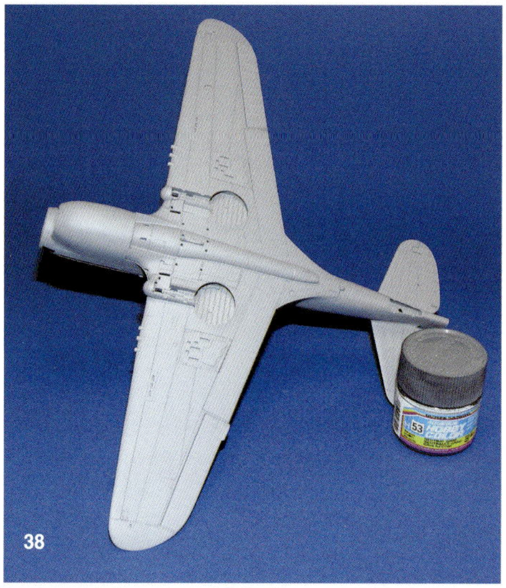

37. **Un pré-ombrage brun noir est diffusé uniquement sous l'appareil.**

38. **Par transparence, le pré-ombrage apparaît sous le Neutral Grey.**

39. **Avec le même Neutral Grey, cette fois-ci éclairci de blanc mat, on « fouette » les surfaces. Les gouvernes sont délimitées avec du papier adhésif repositionnable — genre Post-it — et on insiste plus lourdement sur ces endroits.**

37

39

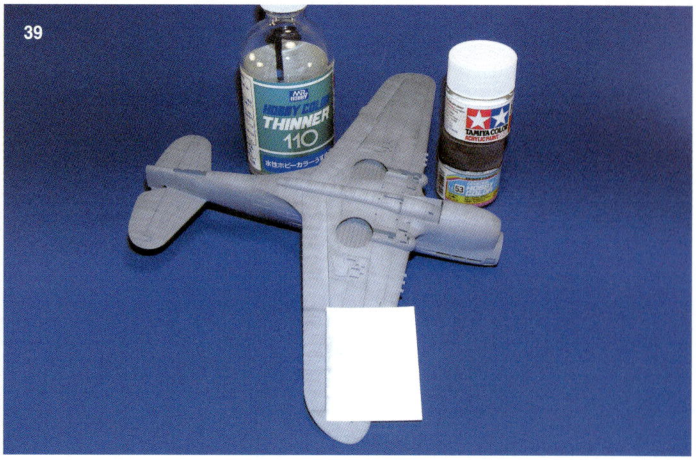

40

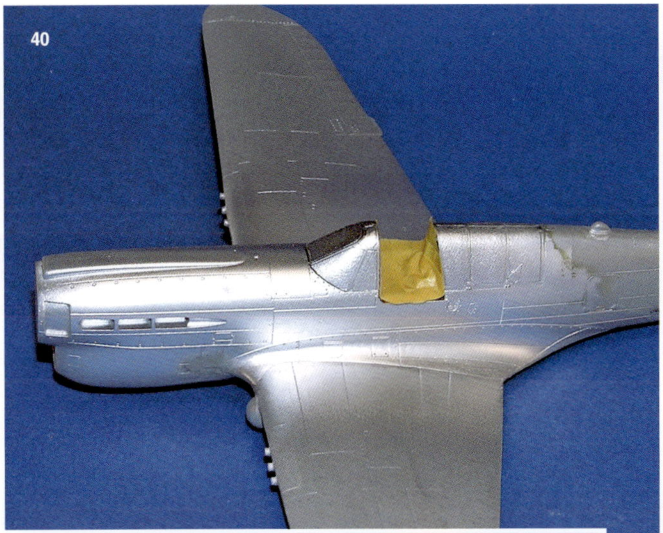

41

42

43

40. **De l'aluminium en bombe (Tamiya TS-30) est vaporisé sur l'avant du fuselage, où les éraillures métalliques seront les plus importantes.**

41 et 42. **On masque avec du masque liquide « Masking Sol ».**

43. **Pour des formes aux angles plus vifs, on déforme le masque liquide avec la pointe d'un bâtonnet avant que ce produit ne sèche complètement.**

44

44. **Le vert olive (Olive Drab), est posé.**

45. **Les premières nuances éclaircies de vert olive sont obtenues en coupant la teinte de base avec du jaune.**

46. **À main levée et avec des Post-it, du vert olive clair (Mister Kit) va reproduire les parties entoilées délavées du P-40.**

47 à 49. **Les deux panneaux remplacés, plus sombres, sont couverts de vert olive pour blindés.**

45

46

48

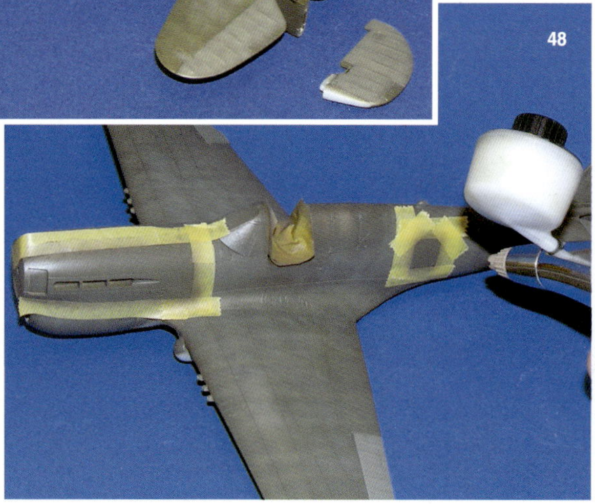

49

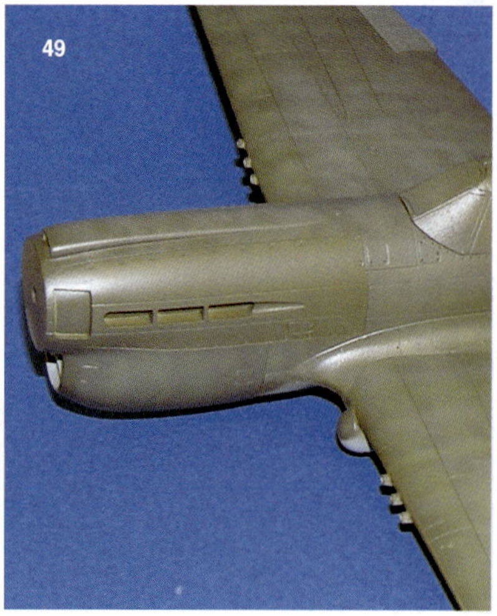

47

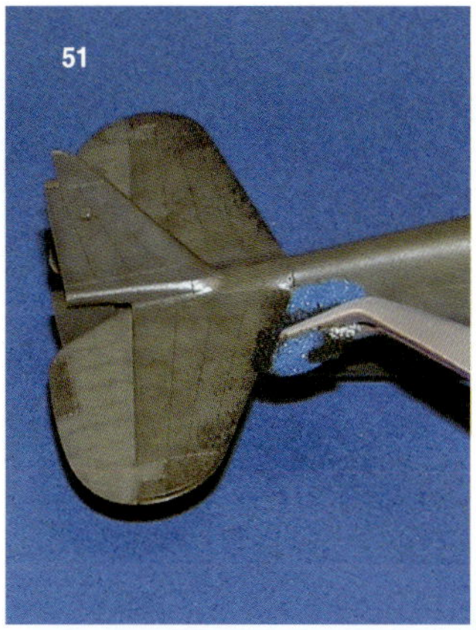

50 et 51. **Quelques microtaches sont pratiquées au niveau des zones de marche avec un tampon de mousse imbibé d'Olive Drab noirci.**

52 à 55. **Les taches de vert moyen (« US Medium Green 42 ») à bords flous sont caractéristiques du P-40N opérant dans le Pacifique. Ici, la dilution est augmentée, le vert pouvant ainsi rester légèrement transparent.**

56 et 57. **Les décals sont posés. Ils proviennent d'une planche de la marque Eagle Strike (réf. 48147).**

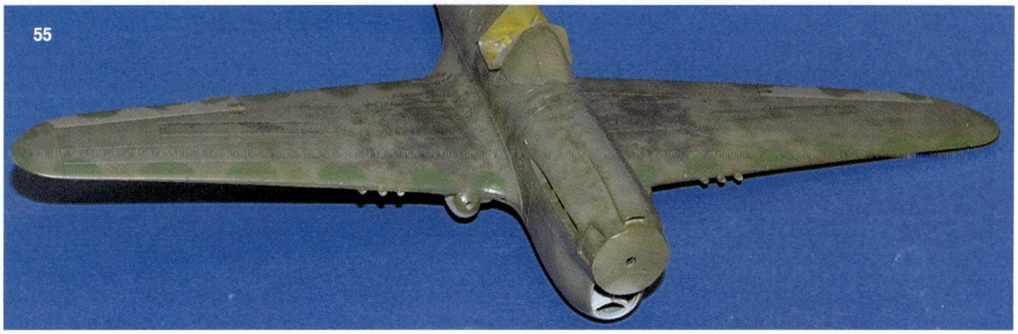

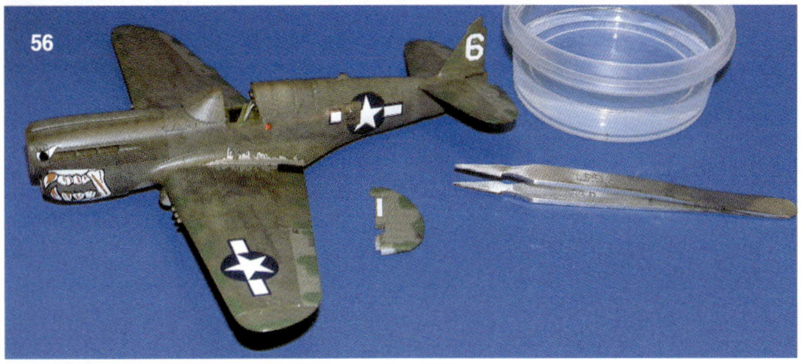

58

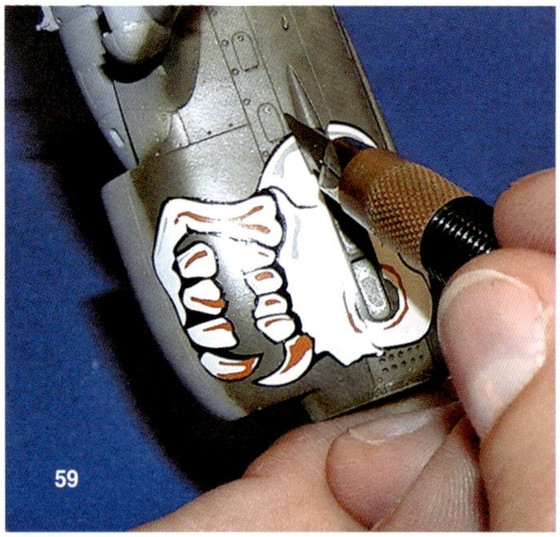

59

58 et 59. **Une fois les décals bien secs, on coupe au scalpel les motifs recouvrant les lignes de structure.**

60 à 63. **L'assouplissant permet aux décals de se fondre littéralement avec les surfaces, en pénétrant dans les lignes de structure coupées au préalable.**

60

61

62

63

64

65

66

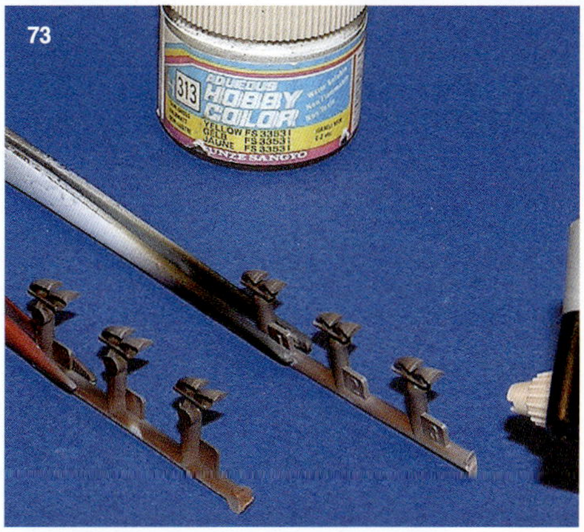

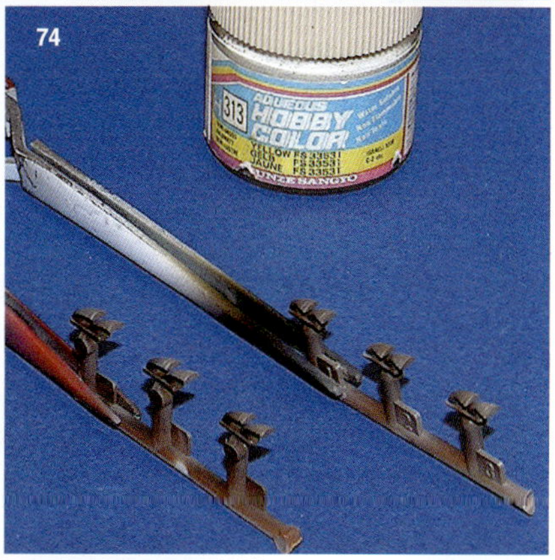

64 à 66. **Les cocardes sont éclaircies avec du gris clair très dilué.**

67 et 68. **On revient sur les cocardes avec un pinceau fin chargé de la teinte de base du motif.**

69 à 71. **Les traces d'échappement sont beiges et leur partie intérieure blanche. Sur le côté gauche, le capot a été changé et on veillera donc à bien reproduire la cassure de la trace d'échappement, moins prononcée sur ce panneau remplacé.**

72 à 74. **Les échappements sont peints en marron sombre, l'extrémité des pipes étant plus claire.**

75 à 77. **à défaut de creuser les pipes d'échappement, on dépose du noir sur leur tranche et, au moyen d'un brossage à sec, on éclaircit l'arête au niveau du contour pour simuler un creux.**

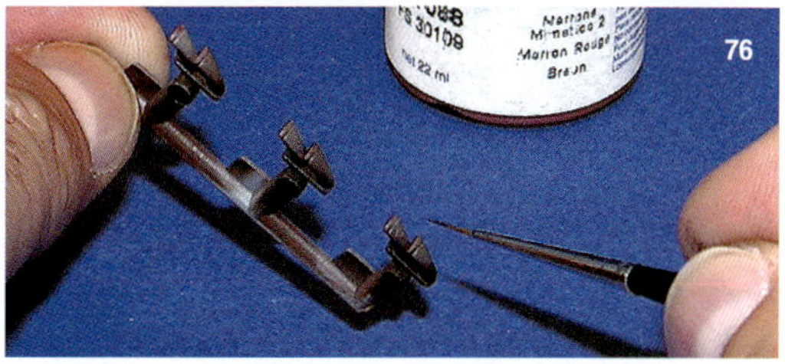

78. On aperçoit sur cette vue les nuances du vert olive, les microtaches et l'aluminium réapparaissant en raison de l'usure causée par les passages répétés à ces endroits.

79 - Le cône d'hélice et les pales reçoivent une sous-couche de blanc mat en bombe.

80 - La casserole est d'abord peinte en rouge vif.

81 - L'extrémité des pales est peinte en jaune, mais sans délimitation.

82 - Puis le bout des pales est masqué.

83 - Un noir satiné est alors vaporisé.

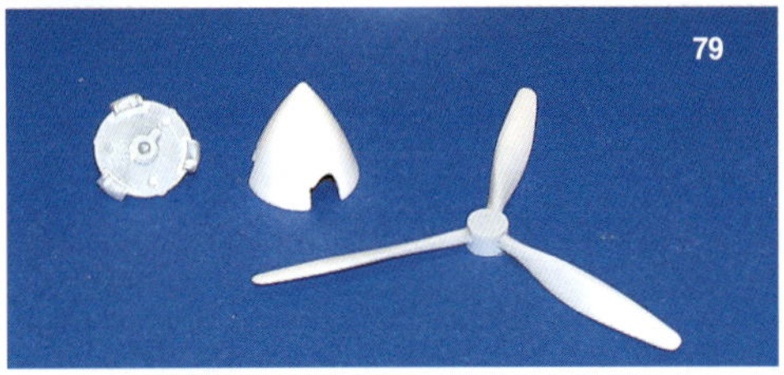

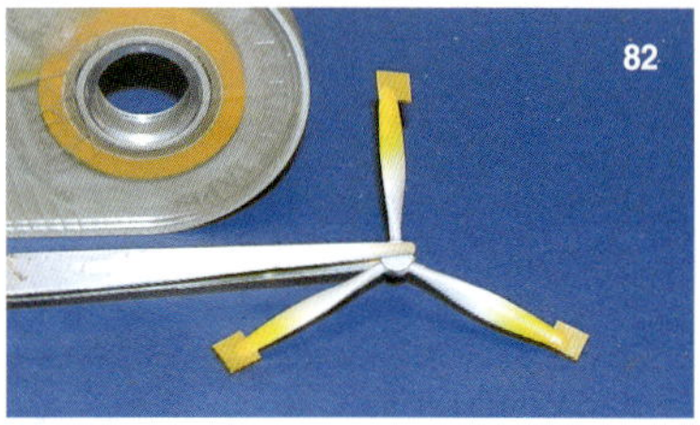

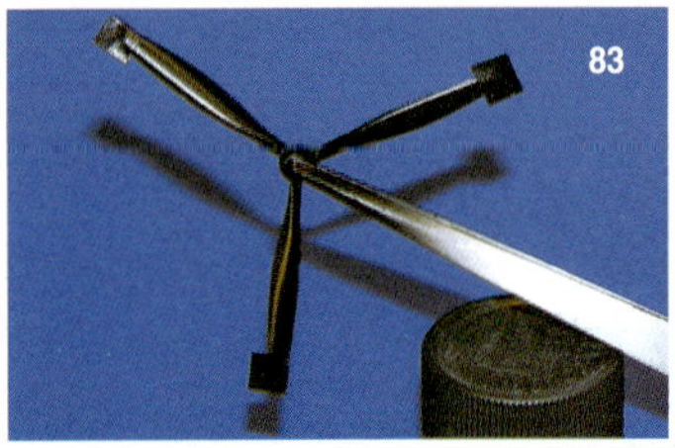

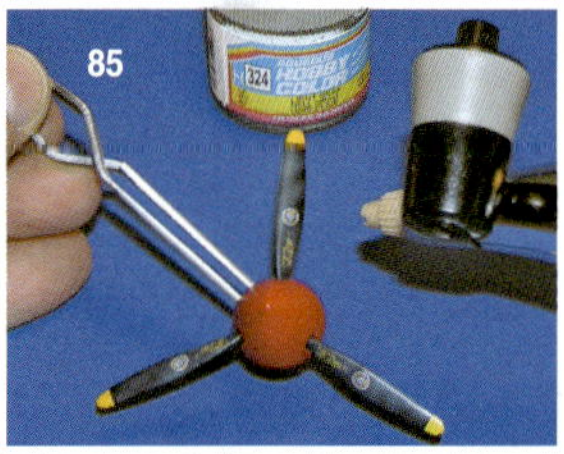

84 - On peut à ce moment ôter les masques.

85 - Enfin, un voile de gris vient éclaircir les pales.

86 - Une fois l'hélice peinte, on prépare de la peinture à l'huile noire.

87 et 87bis - Des traces de maintenance sont réalisées sur les pales.

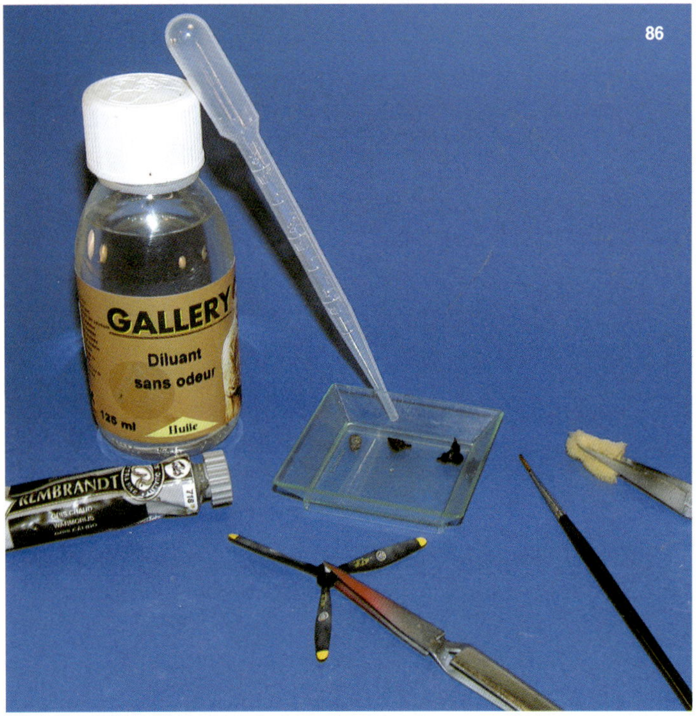

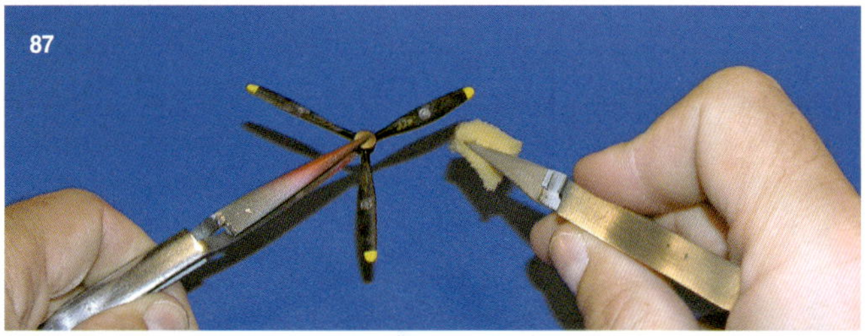

88

89

90

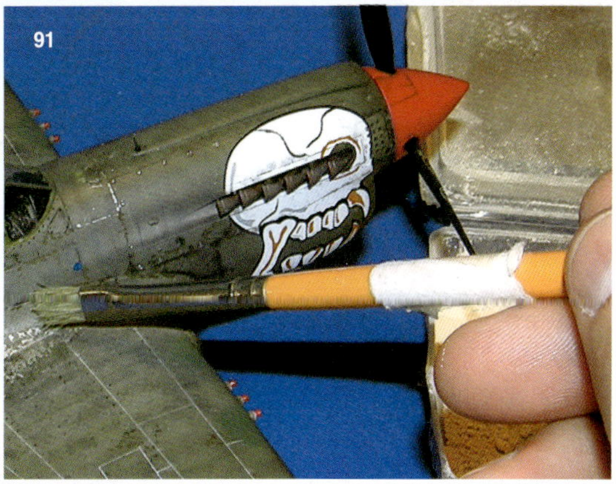

91

92

88 et 89 - **Le mécanisme de variation du pas des pales d'hélice fuit et laisse échapper de l'huile. On délimite le joint du cône d'hélice puis, avec un feutre à pointe acrylique fine, on diffuse les coulures vers l'arrière.**

90 à 92 - **De la terre à décor d'une teinte appropriée au théâtre d'opération choisi est déposée à l'aide d'une brosse dure, en respectant le sens de l'écoulement de l'air sur les ailes. Les roues subissent le même traitement, surtout au niveau de la partie extérieure des pneus, là où les projections de sable s'accumulent.**

93

94

95

93 et 94 - **Les bouchons rouges d'obturation des mitrailleuses apportent une touche de couleur supplémentaire.**

95 - **Les salissures, dans le prolongement des sorties des douilles, sont faites à la peinture à l'huile noirâtre et estompées au chiffon.**

96

97

96 - **La roulette de queue est braquée et le bouchon de réservoir de couleur rouge. Les coulures de carburant sur le flanc du fuselage sont bleuâtres et reproduites à l'aide d'un crayon aquarellable.**

97 - **On constate la dissymétrie du capot avant avec les différentes nuances de vert olive et la décoration « patchwork » due au remplacement du capot-moteur gauche.**

61

61